绿色足迹：
陕北黄土高原乡村聚落的智慧生长

杨晓丹　著

中国建筑工业出版社

图书在版编目（CIP）数据

绿色足迹：陕北黄土高原乡村聚落的智慧生长 / 杨晓丹著. -- 北京：中国建筑工业出版社，2024.8.
ISBN 978-7-112-30196-6

Ⅰ. K928.5

中国国家版本馆CIP数据核字第2024NM3727号

责任编辑：费海玲　张幼平
装帧设计：锋尚设计
责任校对：赵　力

绿色足迹：陕北黄土高原乡村聚落的智慧生长
杨晓丹　著

*
中国建筑工业出版社出版、发行（北京海淀三里河路9号）
各地新华书店、建筑书店经销
北京锋尚制版有限公司制版
建工社（河北）印刷有限公司印刷
*
开本：787毫米×1092毫米　1/16　印张：9¾　字数：206千字
2024年8月第一版　　2024年8月第一次印刷
定价：**58.00**元
ISBN 978-7-112-30196-6
　（42954）

前　言

　　欲明前路方向，须看来时足迹。本书定名"绿色足迹"出于两方面考虑：一是书中主体内容揭示了陕北乡村聚落如何在黄土高原复杂地貌中走出一条适应性生长道路，这其中蕴含着怎样的智慧，此为"过往的绿色足迹"；二是基于智慧挖掘，构建提出面向绿色增长的乡村可持续发展框架，转变"收缩即衰败"的认识偏见，从循环生命周期视角探索乡村从主动收缩到绿色增长的范式转换，并以生态适应导向的聚落体系优化、文化传承导向的乡村转型发展为例，通过实证应用为陕北乡村的未来之路提供可能的思路与借鉴，此为"未来的绿色足迹"。

　　全书以陕北黄土高原为考察范围，通过挖掘该地域乡村聚落如何生发于特殊地貌、如何适应于气候环境，揭示并掌握其顺应自然、善用自然的生长规律和智慧，由此建立面向"包容性绿色增长"的可持续发展框架，以期为中国乡村振兴实践提供可参考可应用的技术路径，并在理论层面为全球乡村研究的知识体系贡献中国乡村样本及其智慧。

　　为便于读者速览，在此简述本书内容要点如下：全书共七章，第一章"乡村聚落与可持续发展"，从三个发展维度、四段生命周期，分析中国乡村可持续发展的关键问题与国际意义；第二章"陕北黄土高原乡村聚落研究进展与新视角"，在全景综述近二十年研究进展的基础上，重点解读现代分形理论与中国传统文化的共通思想，并将分形方法贯穿应用于本书的技术论证部分；第三至五章分别从"生长环境""生长历程""生长智慧"三个方面深入解析陕北黄土高原乡村聚落的生长智慧及其内外影响因素；第六章"绿色增长：陕北乡村聚落可持续发展框架与实践"，强调在城乡高质量发展的战略需求下，转变"收缩即衰败"的线性思维，从循环生命周期角度提出乡村"从主动收缩到绿色增长"的范式转换，建立"资源善用—社会善治—文化善待"可持续发展框架，并结合两个典型案例进行实证应用；第七章围绕绿色发展、生态适应、文化传承等方面，展望陕北乡村研究领域未来可行之方向。

本书受国家自然科学基金面上项目（52078406）、2024年度陕西省哲学社会科学研究专项智库项目（2024ZD431）资助，出版过程中得到中国建筑工业出版社各位编辑老师的大力帮助与支持，特此致谢！

目　录

生长智慧："枝状网络分形"的陕北模式 ……………………… 83

绿色增长：陕北乡村聚落可持续发展框架与实践 …………… 98

乡村聚落与可持续发展

可持续发展是指既能满足当代人的需求，又不会损害后代人满足自身需求能力的新发展模式[1]。自18世纪中后期开始，人类因工业革命逐步获得了改造和影响全球气候及生态系统的能力，全球范围内大规模的城镇建设渐次展开。这种与自然的分离和对立导致人类"扔掉了纯自然"，"建立了一个包围自己的第二自然"[2]，并试图在"第二自然"中实现人类的可持续发展。在对待该问题上，恩格斯强调，"我们不要过分陶醉于我们人类对自然界的胜利。对于每一次这样的胜利，自然界都对我们进行了报复"[3]。乡村聚落是乡村人口生产生活的主要场域，研究乡村聚落是揭示地球地表气候环境变化与人类活动相互作用关系的重要途径。随着我国社会经济的发展和农业生产水平的提高，工业化、城市化导致乡村地区人口持续、快速减少，乡村聚落的不稳定性和脆弱性加剧，致使乡村不断衰退，严重影响乡村经济社会发展与环境承载的可持续性[4]。

1.1 乡村聚落可持续发展的三个维度

1.1.1 空间维度

乡村聚落是指具有一定规模且与从事农业生产密切相关的人群在一定地域范围内集中居住的现象、过程与形态[5]，其空间分布特征和形态特点体现了不同生产力水平下人类生产生活活动与周围环境的共生互动关系。现代工业、城市文明带来的全球性的水资源危机、粮食危机，让政府、研究者和利益相关者重新审视乡村聚落空间维度的可持续发展。乡村聚落空间布局优化方法与路径的提出为提高乡村人口的生活水平、改善乡村人居环境、整合乡村资源以取得最大土地资源利用效益提供了理论引导，并逐步成为乡村转型发展的前提和基础。

面对社会经济形态的剧烈变迁与转型，全球范围内乡村地区人地关系发生了剧烈变化，乡村聚落空间剧烈分化和重组[6]，并导致乡村生产空间非农化、农村建设用地空废化、乡村水土环境严重污损化等一系列"乡村病"[7]。乡村聚落空间衍生于乡村地域系统，是"人–地"相互交织形成的具有一定结构和功能的空间形态，是乡村实现可持续发展的重要支撑和表现维度。有学者从功能属性角度将乡村聚落空间分为两个层面：一是区域空间范畴下的镇村空间体系，包括中心镇—重点镇—中心村（社区）三级；二是基于聚落自身空间的变化，包括生活空间、生产空间和生态空间[8]。其中，地形、水系、土地资源等自然要素框定了乡村聚落空间分布的历史性格局[9]，在乡村聚落空间演变中发挥着基础性约束和支撑作用，是乡村聚落可持续发展研究不可忽视的重要方面。

1.1.2 社会维度

在工业时代村民生计方式转型的驱动下，乡村聚落走向开放运行，逐渐导致乡村阶层分化和旧有邻里关系解体。关于乡村聚落可持续发展的研究，在经历早期对乡村聚落区位、影响因素、职能与规划等的探讨后，开始向乡村多功能性、脆弱性、社区恢复力以及可持续生计等社会维度拓展。[10]乡村社会维度的维育是一个复杂的系统工程，需要政府、企业和社会各方的共同努力，并通过综合性施策落地，实现乡村社会和可持续发展的良性互动，为乡村地区和全球创造更加美好的未来。

进入21世纪，随着全球农业人口占比的快速下降，传统乡村聚落的社会功能整体出现退化，极大威胁着乡村聚落的可持续发展。从其社会主体——农户的视角来看，乡村人口向城镇的集聚流动、农业人口的职业转化与地域转化、乡村内部经济结构的调整以及农业生产技术的进步，引起农户土地经营方式、生计方式、生活方式和乡村社会关系的重大转变。[11]在此种情况下，如何激发乡村聚落社会主体的积极性、重构乡村社会可持续发展动力机制、链接乡村聚落小社会进入城乡共同体大社会、推动社会正义与体面工作，是关乎乡村聚落社会可持续发展的关键。

1.1.3 文化维度

文化是历史文明的积淀，具有认知、教化、沟通、凝聚、传承、娱乐等功能，对于社会进步和经济发展具有积极的推动作用[12]。文化多样性作为人类创造力的丰富源泉，是推动地方社区、人民和国家可持续发展的重要力量；文化是可持续发展的一个基本构件，既是个人和社区的认同、创新和创造力的源泉，也是社会包容和消除贫穷的重要因素[13]。近年来，在联合国教科文组织的努力下，"铭记文化价值和文化多样性作为可持续发展的基本要素的重大意义"，"强调需要加强文化作为实现繁荣、可持续发展和全球共存的一种手段的潜力"已经成为国际共识，并在全球发展中得到广泛实践。

乡土文化是世界各民族、各地区传统文化的重要源头，蕴含着丰富的历史、艺术、科学价值。在中国传统农业社会时期，自给自足的小农生产形成了以血缘地缘为基础的熟人社会，孕育了"礼治营国"的乡村治理形式和文化价值观念[14]。随着社会的发展，工业化、城镇化改变了农村的社会结构，乡土文化记忆逐渐式微，其对于农民群体的融合教化作用难以发挥，农民难以在农村生产生活中获得价值认同、意义和乐趣，乡土文化面临前所未有的"断代"风险。然而，文化事关我们是谁，并且塑造我们的认同。乡村的可持续发展是未来乡村的必然选择，注重文化维度的可持续发展是乡村发展的重要组成部分。

1.2　乡村聚落可持续发展的生命周期

从空间营造的视角来看，乡村聚落是由一系列处于不同建造运营阶段的工程项目叠加而成的集合体，并始终处于动态代谢更替之中。工程具有生命体的特征，工程生命体是人类有目的、有计划、有组织地运用各类知识、技能、要素和资源在构建人工物世界的过程中建造的人工生物体，具有人为赋予的特定功能或性能，是具有新陈代谢、生长发育、繁殖变异、自我调节、适应、应激、进化等典型生命体特征的复杂系统[15]。在生命周期理论下，除了显性的工程实体建造，乡村的历史和当下、人文和自然、成就和问题等都被纳入一个整体的"生命体"中，有利于更加全面地、以人为本地认识乡村。

在乡村聚落的生命历程中，环境是乡村生成和发展的地理和空间基础，产业是乡村发展的核心动力，政治是乡村变迁发展的转折因素，文化是乡村可持续的内在灵魂，此四大要素的因子组合最终影响着乡村的生命周期及其变迁轨迹[16]。一般来说，广义上的乡村聚落可持续发展生命周期指的是抽象概念上的乡村聚落从诞生之后，经历的"工程化增产—非粮化增收—非农化致富—社区化均等"[17]演化过程，最终完成公共服务均等的城乡社区的价值构建；狭义上的乡村聚落可持续发展生命周期指的是现实世界中的具体（个体或群体）乡村从产生到消亡的完整过程，通常由"初期发育—中期成长—后期成熟—末期退行/转型"等阶段组成。广义上的乡村聚落可持续发展生命周期被称作大周期，表征了整体演进的历程划分；狭义上的被称为小周期，呈现了乡村本体的兴衰更迭。

1.2.1　初期发育

在不同的历史阶段，乡村聚落具有不同的类型，如原始聚落、古代乡村聚落、城市兴起后的农村聚落以及现代新型乡村聚落。通常来说，乡村聚落的初期发育阶段指的是人与环境互动过程中，从选择一地方聚族而居到外向拓展基本框定渔猎耕作等生产腹地的生命历程。该阶段自然地理环境对于乡村的生成和发育具有决定性作用，人类对待自然的主体态度是适应顺从，主要表现是有一定规模但功能相对单一的聚落空间实体，社会化程度不高，属性上偏重自给自足的内向型生产单元。

1.2.2 中期成长

乡村聚落的中期成长阶段大致是框定生产腹地到明确聚落建设边界的生命历程。该阶段生产能力的提升是聚落发展的主要动力，人类因聚居产生了一定的改造自然的能力，乡村经济发展与环境承载达到动态平衡，并逐步形成具有多种功能的复杂社会系统。主要表现形式是聚落形态外部基本边界成型、内部类型出现分化，具有特定社会功能的空间场所开始出现并在聚落生活中占据一定地位。

1.2.3 后期成熟

乡村聚落的后期成熟阶段大致是从明确聚落建设边界到完善内部组织架构的生命历程。该阶段政治和文化因素成为影响聚落成熟完善的决定性因素和乡村可持续的内在灵魂。主要表现形式是聚落内部治理机制有效运转，社会服务网络臻于完善，并逐渐形成特有的乡村文化传统和伦理秩序。同时，新型文化形态的嵌入也带动经济、资源、技术等新型关系的良性互动，实现邻里、村村和城乡之间的全方位对接[18]。

1.2.4 末期退行/转型

乡村聚落的末期衰退阶段大致是从聚落稳定社会结构及邻里关系出现解体开始，到村落社会性、经济性功能丧失或物理性消亡的生命历程。除此之外，还有相当部分的聚落有机会出现生命周期的转型跃迁，实现从乡村到市镇乃至城市的蜕变。但从生命体实质上来看，其原有乡村聚落的社会、经济、文化属性同样出现消亡，只不过表现形式是用另外一套全新的属性体系进行取代。目前乡村聚落的衰退问题已经成为全球性趋势，如何实现乡村聚落的振兴，在城镇化进程中引导乡村聚落进入新的生命周期，成为全球可持续发展的重要议题。

1.3 中国乡村可持续发展的国际意义

2015年9月联合国可持续发展峰会上，193个成员国审议通过了《变革我们的世界：2023联合国可持续发展议程》，核心内容就是"联合国可持续发展目标"（英文简称"SDGs"）。该目标的提出旨在号召和指导各国彻底转变发展理念，从经济、社会和资源环境三大领域着手，调整政策制定与战略规划，推动公平、开放、全面、创新的可持续发展之路，共同提高全人类福祉。2023年第二届联合国人居大会上，联合国人居署亚太办代理区域代表布鲁诺·德肯（Bruno Dercon）表示，尽管全世界正加速城市化，但至2020年仍有超过40%的世界总人口生活在农村[19]。第七次全国人口普查显示，中国乡村人口约为5亿人，是仅次于印度的全球乡村人口第二大国。由于中国正在推进全球最大规模的地区城镇化和现代化，依托低碳转型发展在城乡建设中积累的宝贵经验，近年来中国在乡村振兴和乡村聚落可持续发展领域同样提供了积极示范。

1.3.1　全球规模最大的人口减贫工程

中国的乡村振兴是实现中华民族伟大复兴的重要基石，中国的乡村可持续发展是提高全人类共同福祉的重要保障。党的十八大以来，在以习近平同志为核心的党中央坚强领导下，我国启动了迄今世界上规模最大、政策面最广的脱贫攻坚战，因村、因户、因人、因贫困原因精准滴灌扶贫资源，为真正的贫困人口提供了所有可能摆脱贫困的有效渠道。2020年我国如期完成了新时代脱贫攻坚目标任务，现行标准下农村贫困人口全部脱贫，贫困县全部摘帽，消除了绝对贫困和区域性整体贫困，近1亿贫困人口实现脱贫，成为世界上减贫人口最多的国家，提前10年实现了联合国2030年可持续发展议程的减贫目标[20]。

1.3.2　全球南方地区可持续发展的中国经验

当前，"全球南方"正成为一个热门概念。从地理范围看，其涵盖了非洲、拉丁美洲和加勒比地区、太平洋岛屿以及亚洲地区的广大发展中国家。随着经济全球化的发展、南方国家的群体崛起和南南合作的推进，南方国家越发具有全球影响力，南方的概念也逐渐被全球化，南方发展成为"全球南方"[21]。特别是中国式现代化和"一带一路"倡议、印度的信息技术革命、巴西的农业和资源开发等，为全球提供了多样化的发展样板和路径。高度关注发展的共同诉求、乐于交流分享的国际形象、"千万工程"的显著成效和普世性价值，让中国探索实践的改善农村人居环境、全面推进乡村可持续发展的科学路径，能够为全球南方地区提供积极借鉴。

参考文献

[1] Brundtland G H. What is sustainable development[J]. Our common future, 1987, 8(9): 32-41.

[2] 卢卡奇. 历史与阶级意识[M]. 北京：商务印书馆，2004：51.

[3] 中共中央马克思恩格斯列宁斯大林著作编译局. 马克思恩格斯文集：第9卷 [M]. 北京：人民出版社，2009.

[4] 李玉恒，阎佳玉，武文豪，等. 世界乡村转型历程与可持续发展展望[J]. 地理科学进展，2018，37（5）：9.

[5] 周国华，贺艳华，唐承丽，等. 论新时期农村聚居模式研究[J]. 地理科学进展，2010，29（2）：186-192.

[6]　Long H. Land consolidation：An indispensable way of spatial restructuring in rural.China[J]. Journal of Geographical Sciences, 2014(24): 211-225.

[7]　刘彦随. 中国新时代城乡融合与乡村振兴[J]. 地理学报，2018，73（4）：637-650.

[8]　屠爽爽，周星颖，龙花楼，等. 乡村聚落空间演变和优化研究进展与展望[J]. 经济地理，2019，39（11）：142-149.

[9]　杨忍. 基于自然主控因子和道路可达性的广东省乡村聚落空间分布特征及影响因素[J]. 地理学报，2017，72（10）：1859-1871.

[10]　冀正欣，许月卿，卢龙辉，等. 乡村聚落空间优化研究进展与展望[J]. 中国土地科学，2021，35（6）：95-104.

[11]　李红波，张小林，吴江国，等. 苏南地区乡村聚落空间格局及其驱动机制[J]. 地理科学，2014，34（4）：438-446.

[12]　梁丽萍. 繁荣乡村文化赋能乡村振兴[J]. 前进，2023（12）：56-58.

[13]　巴莫曲布嫫. 全球可持续发展议程与国际文化政策之演进：事件史循证研究[J]. 民族文学研究，2021，39（6）：114-125.

[14]　曲衍波. 论乡村聚落转型[J]. 地理科学，2020，40（4）：572-580.

[15]　梁军，王镇中. 工程生命体健康支持系统刍议[J]. 工程研究：跨学科视野中的工程，2023，15（5）：400-411.

[16]　周亚. 生命周期视野下的乡村研究[J]. 黄河文明与可持续发展，2021（2）：178-184.

[17]　曹智，李裕瑞，陈玉福. 城乡融合背景下乡村转型与可持续发展路径探析[J]. 地理学报，2019，74（12）：2560-2571.

[18]　曲衍波. 论乡村聚落转型[J]. 地理科学，2020，40（4）：572-580.

[19]　黄炜鑫. 中国为促进城乡可持续发展提供示范 [N]. 人民日报，2023-06-12（15）.

[20]　中国人民大学. 撰史育人："独树一帜"中的"832工程" [EB/OL]. （2022-03-30）. https://mp.weixin.qq.com/s/nlB93Nb40VGwvx35cPpbtQ.

[21]　王波，翟大宇. 全球南方成为推动国际秩序变革的重要力量[N]. 光明日报，2024-01-29（12）.

陕北黄土高原乡村聚落研究
进展与新视角

本章将回顾近二十年来黄土高原地区乡村聚落的研究进展，并对近五年涌现的研究热点进行统计与分析，勾勒出以地理学、规划学、建筑学、生态学等主要学科为背景的研究概貌；重点介绍基于分形视角的黄土高原地貌研究，以及耦合分形地貌的乡村聚落研究，并对研究方法、相关结论进行梳理与总结，从中提炼出可借鉴与可改良的观点和技术，为后续研究提供基础支撑。

2.1 陕北黄土高原乡村聚落的典型性与特殊性

我国地质学者普遍认为人类开始出现并快速发展的地质年代——第四纪，即肇始于黄土开始沉积的时间（距今约248万年）。第四纪冰期干冷气候和广阔深厚的黄土堆积造就了陕北黄土高原基础地层构造，并历经更新世、全新世最终形成沟壑纵横、支离破碎的地表形态。随着历代学人研究的不断深入，这些记录着古环境地质气候变化信息的高原黄土，成为与深海沉积、基地冰芯并称的全球环境变化研究的三大支柱。同时，作为哺育中华文明的摇篮且至今保持着完整人居环境演化历程的区域，陕北黄土高原成为开展人居环境科学原型研究的理想区域[1]。

乘风积土而成的高原曾经森林密布，及至汉代仍有"水草丰美，土宜产牧，牛马衔尾，群羊塞道"的记载（《后汉书·西羌传》）。我国著名历史地理学家史念海先生同样认为："历史时期的早期，黄土高原到处都是青山绿水，山清水秀，和现在完全不同，至少离现在2000年左右，还没有多大变化。"[2]黄土高原被水流分割出无数的地形单元，面积较大的平坦地面被称为"塬"，平行于沟谷的长条状高地被称作"墚"，因墚的顶部断裂而形成的独立包状山包被称作"峁"。塬、墚、峁之间的关系基本反映了黄土丘陵地区在流水作用下的地貌演化的过程，经过长期的探索与实践，黄土高原沟谷地貌的形成机理与演化规律研究已成为地学研究的热点之一[3]。

陕北黄土高原的聚落大多诞生于这些沟谷地貌之中，并多以某某"塬""峁""墚"命名。从人居环境史的角度看，早在石器时代人类就开始在这里活动，其中作为重大考古发现的石峁遗址可谓黄土高原早期聚落的典型代表，更是发掘中华文明起源的重要窗口。随着王朝更迭、农耕与畜牧经济交替发展，陕北数量更多、分布更广的乡村聚落，则在与生态地貌的互动之中生息交替，并在愈加脆弱的自然环境中顽强地存活至今。得益于历史地理和社会时代的红利，近年来陕北地区因能源产业的快速发展带动了黄土高原丘陵沟壑区的城镇化，农村人口大量向城镇转移的同时，乡村聚落则出现普遍的结构性衰退。在新的发展阶段，认真梳理研究陕北黄土高原乡村聚落的演变肌理和更替规律，能够为实现生态敏感地区的健康可持续发展提供更多的可能路径。

2.2　近二十年研究进展

2.2.1　研究阶段划分

根据目前可掌握的电子文献数据库记载，中国黄土高原乡村聚落的文献研究始于1989年，在2003年后研究数量较之前有所增长，2015年之后研究数量快速增长，2020年以来逐渐趋于稳定。如图2-1所示，根据文献数量的增长趋势，可以将近20年来（2003～2023年）黄土高原乡村聚落的研究历程大致分为三个阶段。

（1）第一阶段（2003～2014年）是缓慢增长的平稳研究阶段，每年研究文献平均数量为9篇左右。这期间2006年发布了《西部大开发"十一五"规划》和2010年《黄

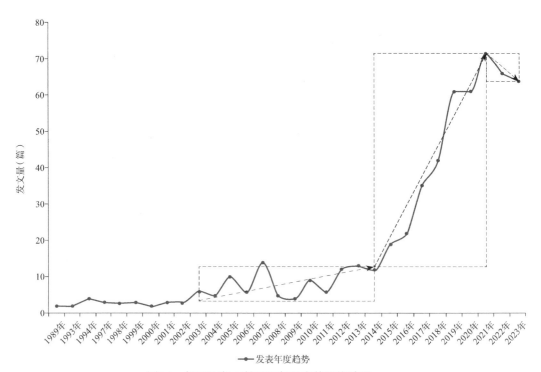

图2-1　知网所载文献的逐年发表数量统计图

土高原地区综合治理规划大纲（2010-2030年）》，明确提出了生态建设在黄土高原等地的重要任务，提出了黄土高原土地治理相关措施。以查小春和甘枝茂为代表的团队相继研究了黄土高原土壤侵蚀的相关内容。除了生态建设方面的研究外，研究还集中在乡村聚落的空间形态、传统村落的保护与传承、小流域和黄土高原丘陵沟壑区的土地利用、景观格局和人居环境营建等方面。

（2）第二阶段（2015~2020年）是快速增长的活跃研究阶段，以每年10篇的增长速度，文献研究数量从2015年的19篇增长到2019年和2020年的61篇，研究主题较第一阶段有所丰富。这期间，2016年和2017年中央一号文件相继提出了农业现代化和农业供给侧结构性改革的乡村发展战略，研究集中在乡村转型、体制转换、农户生计等热点。2018年国家提出了乡村振兴战略和生态文明理念，此阶段关于乡村聚落多维度的空间形态研究为乡村振兴提供了理论支撑，乡村旅游作为推动乡村振兴战略的重要力量，成为新的研究热点，同时以杨晴青为代表的团队就乡村人居环境系统的脆弱性做了相关研究。

（3）第三阶段（2021年至今）是热度褪去的回归研究阶段，每年的文献研究数量超过60篇，乡村振兴为这一阶段的核心研究内容。2019年9月18日，习近平总书记在郑州主持召开"黄河流域生态保护和高质量发展"座谈会后，黄河流域生态保护和高质量发展上升为国家战略。2021年《黄河流域生态保护和高质量发展规划纲要》的发布与实施，促使黄土高原生态建设进入了生态治理成效巩固、经济社会发展转型的关键期，水土流失治理是主要治理措施。黄土高原的水土保持成为新兴的研究热点。在我国目前坚持乡村振兴战略和生态文明理念的大背景下，乡村振兴和生态保护成为黄土高原乡村领域两个重要的研究主题（表2.1）。

与三个研究阶段重要转折相关的政策文件梳理　　表2.1

	发布时间	文件名称	学科相关内容摘录	研究指向
黄土高原生态保护相关文件	2006年12月	《西部大开发"十一五"规划》	西部地区是我国重要的生态安全屏障，生态建设是黄土高原等地的重要任务	生态建设；退耕还林（草）；水土流失治理；土壤侵蚀治理
	2010年12月	《黄土高原地区综合治理规划大纲（2010-2030年）》	党中央在黄土高原地区先后实施了水土保持重点建设、退耕还林、退牧还草、黄土高原淤地坝建设、旱作节水农业示范基地建设等一系列生态建设与可持续农业发展工程	
	2015年3月	《关于加快推进生态文明建设的意见》	面对资源约束趋紧、环境污染严重、生态系统退化的严峻形势，必须树立尊重自然、顺应自然、保护自然的生态文明理念，走可持续发展道路	生态文明；气候变化
	2021年10月	《黄河流域生态保护和高质量发展规划纲要》	黄土高原生态建设进入了生态治理成效巩固、经济社会发展转型的关键期，水土流失治理是主要治理措施	生态保护；生态治理；水土保持

续表

	发布时间	文件名称	学科相关内容摘录	研究指向
乡村发展建设相关文件	2006年2月	《中共中央 国务院关于推进社会主义新农村建设的若干意见》	强调坚持以发展农村经济为中心，进一步解放和发展农村生产力	新农村建设
	2016年1月	《中共中央 国务院关于落实发展新理念加快农业现代化实现全面小康目标的若干意见》	要求各地区各部门要牢固树立和深入贯彻落实创新、协调、绿色、开放、共享的发展理念，大力推进农业现代化	乡村转型；体制转换；农户生计
	2017年2月	《中共中央 国务院关于深入推进农业供给侧结构性改革加快培育农业农村发展新动能的若干意见》	推进农业供给侧结构性改革，要在确保国家粮食安全的基础上，紧紧围绕市场需求变化，以增加农民收入、保障有效供给为主要目标，以提高农业供给质量为主攻方向，以体制改革和机制创新为根本途径	
	2018年1月	《中共中央 国务院关于实施乡村振兴战略的意见》	对统筹推进农村经济、政治、文化、社会、生态文明和党的建设作出了全面部署	乡村振兴；生态振兴；产业振兴
	2018年11月	《关于促进乡村旅游可持续发展的指导意见》	实施乡村旅游精品工程，培育农村发展新动能，促进乡村旅游可持续发展	乡村旅游

2.2.2 研究主题聚类

在黄土高原乡村研究的关键词共现图谱中可以看出（图2-2），乡村振兴、乡村聚落、空间形态、传统村落、黄土高原丘陵沟壑区、乡村景观、乡村旅游、乡村人居环境、土地利用、窑洞为出现频率前十的关键词。其中乡村振兴是研究的主要目标和政策背景，黄土高原丘陵沟壑区是主要研究区域，人居环境、乡村聚落和传统村落是对研究对象的不同表述，但反映了不同学科的研究侧重，空间形态、乡村景观、乡村旅游、土地利用和窑洞是细分方向的研究内容及切入点。

基于关键词的共现频次，结合地理学科、规划学科的特点及差异分析，将研究热点划分为五大主题聚类：主题一是关于乡村振兴的研究；主题二主要是关于乡村聚落空间形态的研究；主题三是关于传统村落和传统民居（窑洞）的保护传承以及乡村旅游和景观的规划设计研究；主题四是关于黄土高原生态保护方面的研究；主题五为土地利用方面的研究。

（1）乡村振兴

乡村振兴战略自习近平总书记于2017年10月18日在党的十九大报告中提出后，成为乡村研究的重要政策背景和战略目标。郑永超[4]将黄土高原的村落划分为不同类型，探究不同类型的乡村振兴路径，陈怡平[5]和苏航[6]相继研究丘陵沟壑区的乡村振兴模式，张亮[7]构建了乡村振兴评价指标体系。乡村振兴的研究又可以细分为"乡村人居环境营建""生态振兴"和"产业振兴"这三个维度。"乡村人居环境营建"

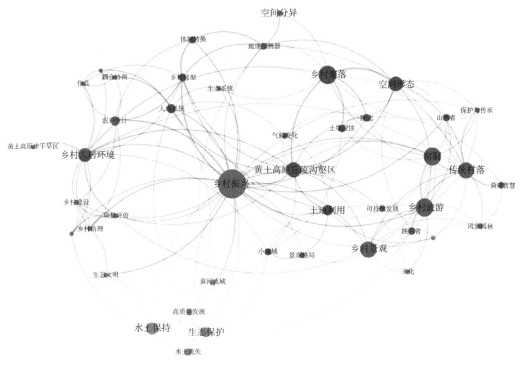

图2-2　关键词共现图谱

是乡村建设和发展的重要基础；"生态振兴"和"产业振兴"是乡村振兴的重要途径，在两者耦合发展方面有"两化"研究，即"生态产业化"和"产业生态化"，乡村产业生态化与生态产业化是相辅相成的，目标均为遵循生态演化和产业发展规律，实现生态环境保护与经济高质量发展的良性循环[8]。

　　乡村人居环境营建是实施乡村振兴的重要基础。关于乡村人居环境营建的理论研究，早期魏秦[9]通过整理地区营建智慧搭建了人居环境营建体系与方法；李钰[10]从生产技术、营建技术、管理制度以及居住价值观四个部分讲述了人居环境建设的本质属性与发展方向；王南[11]基于人居环境三元论对黄土高原半干旱区水、绿、人三要素的分析，提出了适宜黄土高原半干旱区的乡村规划方法。乡村人居环境质量评价为乡村建设和治理提供了定量分析理论依据，常虎[12]搭建了人居环境质量评价指标体系；在人居环境脆弱性评价方面，杨晴青[13]自下而上建构了乡村人居环境系统脆弱性-恢复力的演化路径与理论模型。

　　生态振兴是乡村振兴的重要组成部分。董嘉薇[14]通过双重差分和多元逐步回归的分析手法，研究乡村振兴对于生态服务系统的影响；王煦然[15]研究了生态保护修复与乡村振兴的互馈关系。产业振兴是乡村振兴的关键。董鹏达[16]分析了乡村国土地域系统与产业组成要素之间的耦合关系，赵佳宇[17]和张帆[18]分别研究了山西特色农产业和林草特色农产业的发展路径。面向乡村振兴战略目标的乡村转型发展和农户生计研究这一聚类，有关于乡村转型背景下产业发展对于"农户生计"演化与影响机制的研究，有关于农户生计脆弱性、农户生计稳健性和农户生计恢复力等的分析研究及评价指标体系的构建，也有体制转换视角下的乡村转型时空格局和演变发展的研究。

（2）空间形态

关于空间形态的研究主要有乡村聚落、传统村落、乡村旅游和乡村景观等多个维度，包含了精明收缩、城镇化、土地集约等多种视角，运用了位序规模法则、核密度分析、地理探测方法、元胞自动机、分型迭代理论等多种技术手法。一方面是关于空间形态基础理论的分析，包括空间布局、空间结构、时空演变等影响因素和规律的研究，为乡村振兴、传统村落保护、乡村景观设计、乡村旅游规划等提供理论支持。另一方面是在空间形态应用方面的研究，包括聚落选址布局、生态适应性和可达性等的研究。

（3）传统村落、窑洞、旅游、景观

传统村落和窑洞的研究一方面聚焦于保护和发展，通过对实际案例保护的经验总结，探索传统村落和民居的保护策略。杨锋梅[19]构建了传统村落价值评价体系，为传统村落的保护提供了理论依据，李明[20]研究了生态窑居度假村对传统聚落复兴的影响；向远林[21]构建了传统村落窑洞的景观基因图谱，为保护与发展窑洞聚落提供科学依据，马建伟[22]分析了窑洞的典型破坏特征，研究窑洞的加固修复技术。另一方面，在关于传统村落和窑洞的智慧经验总结与传承上，文献主要聚焦空间布局智慧、理水智慧、低碳智慧等，刘加平[23]最早构建了黄土高原地区新型绿色窑居建筑体系的理论与方法，为后续该领域的研究奠定了科学基础。

关于乡村景观的研究以风景园林学科为主力。景观规划设计包含了民居院落、村落、农业景观、旅游景观、红色景观等多个层次。左丹[24]研究了传统民居（庄廓）的景观设计，冯爽[25]研究了窑洞民宿的景观营建。在景观文化传承方面，郑美婷以土族传统村落为例，分析景观空间的多元文化共生特性，崔丽丽[26]和姚张堡[27]将地域文化与乡村景观设计相结合，陶静[28]将景观设计与红色文化相结合，构建了传统村落红色景观价值评估系统。在景观格局问题诊断与优化方面，王嘉[29]利用ArcGIS和Fragstats技术对景观格局演变进行分析，梳理了黄土高原地区村落普遍存在的景观格局问题；李壁成[30]以宁夏固原市上黄村为例，对黄土高原土地景观格局优化与生态环境功能区进行了研究探讨；李倩钰[31]建议从"三生"空间的角度优化提升乡村景观空间。

关于乡村旅游的研究主要关注旅游发展模式、旅游与农户生计协同关系等。朱媛媛[32]研究了乡村旅游重点村空间分布特征及影响因素；姜剑波[33]研究了文化旅游的发展路径；咸少春[34]通过调查县域乡村在红色文化、历史遗产、民俗文化、自然景观等方面的资源，提出了景区带动、城市依托、通道辐射等不同旅游发展模式，从而为乡村振兴与县域经济的协同发展提供了依据；陈琳[35]将水土保持型生态农业景观规划与观光农业旅游相结合，构建提出了"水土保持+农业生产+旅游发展"的现代农业发展模式。

（4）生态保护

最早关于黄土高原生态保护的研究集中在土壤侵蚀领域。甘枝茂、查小春在2005年到2007年间研究了乡村聚落与土壤侵蚀的互动关系、防治对策等，为乡村发展和水土流失治理提供了理论依据。

乡村振兴和生态文明背景下黄土高原的生态保护和水土保持的研究在2019年后再次被重视。在生态保护方面，李壁成[36]构建了乡村生态系统的评价指标体系，宋永永[37]揭示了城镇化过程中黄土高原生态环境的响应。水土保持是黄河流域生态保护和高质量发展的重要内容和基础保障之一[38]，水土流失防治是黄河流域生态保护的主要内容和治理的根本措施，也是黄河高质量发展的基本保障[39]。在水土保持和水土流失治理方面，李婷[40]构建了水土保持项目绩效评价指标体系，张金良[41]探讨了"小流域+"综合治理新模式，胡春宏[42]就黄河水沙关系提出了黄土高原水土流失治理格局调整的建议策略，贾泽祥[43]分析了社会经济环境对水土保持生态建设的影响。以"气候变化"为关键词的主题研究主要集中于地理学科，重点关注区域水文、雨洪、温度湿度等与植被覆盖度的相关性及影响机制。

（5）土地利用

土地利用相关研究主要关注较大时间跨度上的土地利用类型变化，以及驱动变化的影响因子和作用机制。李家祥[44]以"三生"空间为切入点，以生产空间、生活空间、生态空间三个维度重新划分土地利用类型，从自然条件、经济社会以及区域发展政策三方面入手，探寻影响不同土地利用形态改变的关键因子；刘德林[45]团队采用景观生态学的方法，重点关注土地景观格局和生态功能区的空间变化，以此为依据开展区域生态功能区的规划研究；鱼小敏[46]在乡村振兴的背景下，以提升土地资源保障能力为研究目标，探索科学编制土地利用规划的技术方法。耕地也是土地利用研究的重要内容。台灵啸[47]通过对耕地资源演变规律的深入研究，为合理利用土地、优化国土空间布局结构提供重要依据；周建[48]利用土地利用、耕地质量等数据，研究了新增耕地在黄土高原典型地貌源（梁）、坡面、沟道的分布、变化及质量。

2.2.3　近五年研究热点

研究热点基于研究主题的划分，可分为传统主题研究和新兴主题研究两部分，其中传统主题研究包括"空间形态""传统村落、窑洞、景观、旅游"和"土地利用"，新兴研究主题集中涌现在"乡村振兴""三生空间"和"生态保护"三个方面，反映了不同学科对于近五年国家重要政策和重大战略的积极响应和研究支撑。进一步分析，借助Citespace软件对近二十年和近五年的关键词进行突现频率统计得到图2-3，其中深灰色为该关键词的持续研究阶段，浅灰色为该关键词突出涌现的阶段，对关键词进行分类统计可知：

（1）在传统主题研究领域中，"营建智慧""三生空间"和"地理探测器"分别为近期涌现的热点内容和技术方法。"营建智慧"在近五年热点文献的突现频率为6次，集中在建筑科学与工程学科领域，主要以传统村落为研究对象，挖掘其选址布局智慧、场地理水智慧、建筑低碳智慧等。杨建辉[49]通过总结传统村落典型"三生"空间模式，挖掘传统村落风景营建传统和生态人居智慧；邓傲[50]和邢盼军[51]以杨家沟村、甄家湾村、贺一村和碾畔村为例，先后整理了传统村落在雨洪调适维度的营建智慧；赵海清[52]以梅江村为实证提取了传统村落的低碳智慧。"三生空间"在近五年热点文献的突现频率为5次，涉及领域较为丰富。涂雯[53]研究了"三生"空间的格局演变和影响因素，苏练练[54]运用空间基因的解析方法，研究相对稳定的"三生"空间组合模式，为新时期乡村振兴的土地利用与适宜布局提供了科学依据。"地理探测器"在近五年热点文献中的突现频率为4次，作为地理学常用的一种统计学方法，近年来逐渐被引入规划、景观等学科并得到广泛应用，主要通过探测地理空间分异性来揭示影响土地利用的关键驱动因素[55]。

Keywords	Year	Strength	Begin	End	2004～2023
生态建设	2004	1.68	2004	2008	
土壤侵蚀	2005	3.64	2005	2007	
乡村聚落	2005	2.82	2005	2007	
景观格局	2005	1.93	2005	2012	
小流域	2005	1.86	2005	2010	
晋北	2007	1.2	2007	2010	
功能区	2010	1.21	2010	2012	
新农村	2012	1.49	2012	2017	
气候变化	2012	1.17	2012	2015	
保护与利用	2014	1.63	2014	2019	
体制转换	2014	1.16	2014	2018	
乡村景观	2010	2.73	2015	2019	
乡村生态规划	2015	1.26	2015	2016	
乡村转型	2016	1.18	2016	2020	
乡村旅游	2006	1.02	2016	2018	
农业生产效率	2017	1.21	2017	2018	
地理探测器	2018	2.04	2018	2021	
空间形态	2006	4.17	2019	2021	
陕西省	2019	1.98	2019	2020	
乡村空心化	2019	1.28	2019	2020	
佳县	2019	0.99	2019	2020	
乡村振兴	2018	7.4	2020	2023	
水土保持	2005	3.12	2020	2023	
生态保护	2019	1.98	2020	2023	
乡村地域系统	2020	0.96	2020	2021	
窑洞	2005	2.79	2021	2023	
人地系统	2017	2.37	2021	2023	
高质量发展	2022	2.74	2022	2023	
传统村落	2013	2.42	2022	2023	
三生空间	2019	2.07	2022	2023	
沟道农业	2022	1.82	2022	2023	
黄河流域	2022	1.73	2022	2023	
营建智慧	2022	1.73	2022	2023	
生态治理	2022	1.15	2022	2023	

图2-3　近二十年与近五年研究热点中的关键词突现图谱

（2）在新兴主题研究领域中，"乡村振兴""人地系统""乡村地域系统"和"水土保持"是近期涌现的热点内容。其中，"乡村振兴""水土保持"在近五年热点文献中的突现频率分别为49次和16次，前者通常作为研究背景和研究目标，因此突现频率最高，后者集中在生态学、地理学领域的文献，反映了近年来生态治理的研究热度。"人地系统"和"乡村地域系统"在近五年热点文献中的突现频率均为4次，其中"人地关系"是指人类经济社会活动与自然地理环境的交互作用关系，人地系统科学是研究人地系统耦合机理、演变过程及其复杂交互效应的新型交叉学科[56]。乡村地域系统是现代人地关系以及"人地圈"地域系统的重要组成部分，是人文、经济、资源与环境相互联系、相互作用下构成的，具有一定结构、功能和区际联系的乡村空间体系[57]。基于人地系统科学新视角的研究在近年来研究热度持续攀升，白宇[58]以北方农牧交错地带为对象，开展该地区的人地关系演化阶段、格局和状态的识别与分析，黄晶[59]、薛东前[60]分别从"人-地-业"系统和"人-水-土"系统的耦合协调关系出发，对黄土高原乡村人地系统进行了剖析。

2.3 引入分形新视角的相关研究

文化的本源是相通的。现代分形理论、中国传统哲学观念、西方古典哲学、现代建筑模式语言等东西方思想与科学观点，对城市、建筑乃至世界的基础认知具有惊人的统一性。在多种理论流派和设计方法涌现的今天，分形和模式语言为我们切入空间系统的分析和建构提供了一种根本的、朴素的角度：通过最简原则寻找构成空间的语言原型和迭代法则，以解码和编码的形式将空间研究科学化。

具体到陕北聚落研究领域，黄土高原特殊地貌是影响区域聚落分布的重要因素。不同于平原聚落的自由生长，河谷地貌约束下的城乡聚落往往随河谷走势呈带状、枝权状等形态。已有研究证实，陕北千沟万壑的流水地貌形态具有典型的树枝状分形特征。由此推测，与河谷地貌紧密相关的陕北聚落分布也具有类似的分形属性，并与地貌具有某些分形关联性特征。因此，引入分形视角，展开对陕北分形地貌与聚落分布形态的关联性研究，在新视角与传统规划理论的交叉研究下可更深刻地理解陕北聚落与地貌的关系。

2.3.1 现代分形理论及诞生背景

（1）认识分形

分形（Fractal）也叫碎形，创始人曼德布罗将这一概念定义为：一个粗糙或零碎的几何形状，可以分成数个部分，且每一部分都（至少近似地）是整体缩小后的形状[61]。分形思想最初起源于数学界对于"无限""循环"的探索，如卡尔·魏尔施特拉斯、格奥尔格·康托尔（Georg Cantor）、费利克斯·豪斯道夫等学者的研究。著名的康托尔集是格奥尔格·康托尔于1877年绘制的首个人工分形图形①。它的形成是通过不断裁剪掉一条线段的中间1/3段，得到长度上越来越短、数量越来越多的子线段，这种不断生成的环路规则被称为"递归（recursion）"，依照此生成法则，一条有限的线段在理论上可以被无限地细分下去，得到无数多个点的集合，因此也被称为"三分点集"，这一发现为现代数学中的"点集拓扑学"奠定了基础。康托尔集的图式直接反映了康托尔最初的创造意图，即通过图形绘制来探索人类对于无限性（Infinity）的一种全新解读[62]。

如果从城市及建筑常用的设计手法角度去理解分形，则可以看到：当一个特定几何形状不断出现时，称为"重复"（图2-4a）；当在"重复"这一动作之上叠加"尺度"的变化时，则为"韵律"（图2-4b）；当在"韵律"的基础上叠加一定的"变化法则"，则为"分形"（图2-4c）。图2-4c所示的"变化法则"为：前一个图形上下翻转后嵌入后一个图形，其中最后一个图形可称为"分形体"，第一个图形为"分形元"，即分形体变换过程中依据的原初图形，相当于建筑设计中的"母题"。

分形理论的研究对象主要是现实世界真实而复杂的不规则形态，如树枝叶脉、西兰花、河流水系等[63]（图2-5），它们的局部放大后仍然具有与整体相似的丰富细节。在《非洲分形：现代计算模拟与本土设计研究》（African Fractals: Modern Computing and Indigenous Design）一书中，罗恩·埃格拉什（Ron Eglash）教授总结了分形几何的五大主要特征：递归（recursion）、尺度（scaling）、自相似（self-similarity）、无限性（infinity）、分维值（fractal dimension）。"递归"主要指图形生成所遵循的迭代法则是一种理论上可以不断循环的环路（a loop），

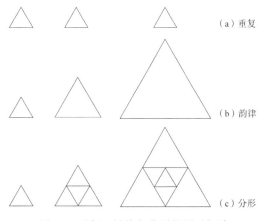

(a) 重复

(b) 韵律

(c) 分形

图2-4　重复、韵律与分形的图示解读

图2-5　生活中的分形体

① 注释：一说是亨利·约翰·斯蒂芬·史密斯在1875年发现这一数学现象。

这样，上一个尺度层级生成的"子图形"将成为下一层级继续迭代的"母图形"（图2-6）。"尺度"则是促使分形几何得以高效模拟的一种特性，具有尺度性的图形意为该图形在不同尺度上具有相似的图式，微小局部图形放大后与整体图形类似。"自相似"是判定图形分形的重要属性之一，包括Koch曲线一类严密

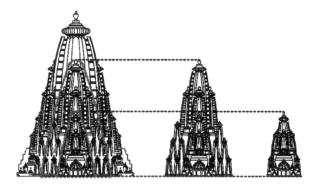

图2-6 印度神庙中的自相似特征
来源：Yannick Joye. A review of the presence and use of fractal geometry[J]. Environment and Planning B：Planning and Design, 2011(38): 814 - 828.

绘制下的人工分形图形所体现的"精确自相似（exact self-similar）"和海岸线一类存有随机偏差的自然分形图形所体现的"统计学意义的自相似（statistical self-similar）"。后者对于包含人工因素的城乡聚落及建筑的分形研究具有重要意义，避免了用抽象理论下的绝对自相似作为判别分形的标准。最后，"分维值"作为唯一的数据特征，以非整数来描述分形图形在一维直线与二维平面之间所处的维度状态[64]。

虽然起源于数学，但从直观的图形角度来看，分形在本质上是一种混沌自组织从无序到有序的动态变化过程（图2-7）。如同细胞的有机分裂与融合，分形自组织过程是基于简单的变化法则（或规律）和一套内部可循环的反馈机制，从最简单的形式不断嵌套、迭代，从而形成越来越复杂的、可以自由无限循环下去的系统，这一系统具有复杂性、非线性、相似性等特征。可见，从自组织角度出发，分形的规划语义就是一种符合自然有机规律的、自下而上的组织机制，如同中世纪的城邦聚集、现当代的自然乡村聚落的演化过程。

（2）产生背景

从科学发展的历史进程来看，现代分形理论的建立源于早期还原论影响下的城市研究向系统论影响下的复杂城市研究的范式转换。笛卡儿推崇的还原论认为，复杂事物都是由多个可拆解的简单部分构成，因此对于事物认知可以将其还原为

图2-7 分形的自组织本质图示
来源：作者自绘，原始数据来自BBC纪录片《The Secret Life of Chaos》

简单的基本单元[65]。同时期的城市认知中有关分解思想、复杂问题简单化等观念，都是还原论的产物。类似还有决定论影响下的城市规模之问、二元论影响下的功能与形式之争等。这些哲学理论与城市认知基本可以归于古希腊时期对简单性（Simplicity）的信奉。从泰勒斯的水、德谟克利特的原子与空虚到毕达哥拉斯"数的和谐"，再从牛顿"三大定律"到爱因斯坦的"逻辑简单性"原理，人类一直试图将对宇宙万物中复杂性的认知，回溯到对世界本源的寻求，并以此形成还原论的思维方法与简朴性的美学原则[66]。正是在对简单性的推崇下，涌现了早期多种城市模型的探索，如带形城市、明日之城等。

以亚历山大为代表的研究团队（包括尼科斯·A.萨林加罗斯、S.伊希卡娃、M.西尔佛斯坦、M.雅各布斯等核心成员），自20世纪60年代起，在复杂性科学思想的启蒙下对城市建筑环境进行理论模式和实践探索，先后发表文章及著作《城市并非树形》《建筑的永恒之道》《建筑模式语言》等，并实践完成俄勒冈实验以及墨西哥北部的住宅制造。他们的一系列思想与主张正是基于复杂性科学的视角，对传统城市建筑理论进行批判性反思，重新解读和总结城市建筑空间的适应性设计和建造方法。在《建筑的永恒之道》中，亚历山大引入了"道"和"模式语言"来描述城市环境的形成与发展。他认为，一个城市丰富和复杂的秩序是由一个发生系统完成的。这个发生系统是数以万计的个体建造活动，这些个体建造活动并非是简单的部分相加构成城市整体，而是如同人类胚胎发育一般，具有生物分化属性，整体先于并优于部分的集合[67]，这一观点与梁漱溟先生在《晚学盲言》开篇中的论点相一致[68]。此后，亚历山大的忠实追随者萨林加罗斯（Nikos A. Salingaros）在团队研究的基础上，提出了城市网络理论，并在后续研究中展开了分形思想下的城市与建筑设计新理论探索。在2008年的十二场新建筑理论演讲中，他从生物学、心理学、数学等多个角度解读了分形思想与人类自身的渊源。其代表性文章《连接分形的城市》更是对分形思想应用于城市建筑设计的语言转译，深刻且直观地揭示出城市作为复杂网络系统的分形属性和空间尺度逆幂律分布属性等，其中总结的城市网络和空间连通是对适应于分形自然环境与人体尺度的理想城市的一次图景式描绘。此外，迈克·巴迪（M. Batty）和P. A. 隆利（P. A. Longley）也以全面系统的理论和技术方法开启了分形城市的研究高潮[69]。

2.3.2 分形思想与中国传统文化

回顾康托尔集对于分形与无限性的思辨，可以发现其图式语言中暗合了中国传统哲学关于"三生万物"的思考。"三生万物"出自《道德经》："道生一，一生二，二生三，三生万物"，反映了中国传统文化中对于世界起源的认识，在此基础上有学

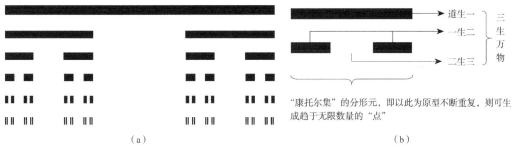

图2-8　"康托尔集"与"三生万物"哲学观的图解示意

来源：图（a）引自Eglash Ron. African Fractals: Modern Computing and
Indigenous Design[M]. Rutgers University Press, 1999.

者发展出"一分为三"学说①，其核心观点认为世界万物源于"三"，包括由"一"生成的"两实一虚"。对照"康托尔集"的分形元来看（图2-8），位于中间1/3段的虚空和两端1/3段的实线共同构成了"三"，这与《史记·律书》所记"数始于一，终于十，成于三"相呼应；而中间1/3段虚空和两端1/3段实线的相对位置和虚实关系，则从图解角度佐证了"叩其两端""允执其中"的执中思想，以及"当其无，有器之用"的认识论。最后，三分线段的"有无"源自最初的实体线段，所谓"太极元气，函三为一"②，再次证实了"三"的构成包括实（有）与虚（无）、两端与中，它们共同构成了辩证统一的整体。此外，也有外国学者将康托尔集与中国易经卦象进行比较，认为集合中所呈现的"1，2，4，8……"实体线段序列暗含了一元、两仪、四象、八卦的东方智慧[70]。

2.3.3　分形城市与建筑模式语言

（1）分形城市

分形城市是自组织城市研究的分支，1991年，巴迪发表《作为分形的城市：模拟生长与形态》一文，标志着分形城市概念的萌芽。20世纪90年代初期，以李后强、艾南山的《具有黄金分割特征和分形性质的市场网络》一文为标志，我国学者开始了分形城市研究[71]。萨林加罗斯在《连接分形的城市》（*Connecting the Fractal City*）和《建筑、模式、数学》（*Architecture, Patterns, and Mathematics*）中，对分形城市进行了系统的、深入浅出的解释，核心关键词是"连通性"和"尺度连续性"。具有分形属性的城市在形态上表现为可以连通各个尺度层级的系统网络，无论是信息流、交通流，还是公共绿地网络（图2-9、图2-10），都因为具有连通性而

---

①　出自山东大学庞朴所著《一分为三论》，是相对二分法而言的一种理论学说，认为中国传统哲学观念在于三分法，是超越二元对立或二元辩证的。

②　《汉书·律历志》

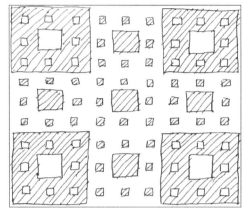

图2-9　假想秩序的分形城市平面

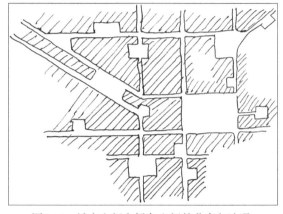

图2-10　城市空间和绿色空间的分布与连通

来源：尼科斯·萨林加罗斯. 连接分形的城市[J]. 刘洋，译. 国际城市规划，2008，23（6）：81-92.

自由流动[72]。

　　一个城市的活力源自于它的连通性[73]。城市作为各类信息交流交换的场所，具备良好的连通性即意味着具有良好的运转能力，而这种连通的主要方式之一就是交通路径。道路作为线性要素，连接的是各类城市群体、各类城市用地等多样化的节点，衡量连接有效性的重要指标便是连接节点的相对数量。从家到工作地这样的一对一连接方式是单一的、不成网络的，而像大树分枝、叶脉、人体血管等的树状连接方式则为同一对节点提供了多种可能路径，也为同一路径提

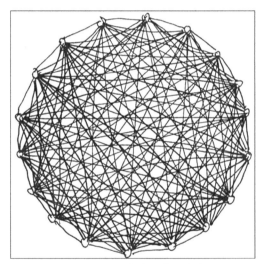

图2-11　一组完全连接的节点

来源：尼科斯·萨林加罗斯. 连接分形的城市[J]. 刘洋，译. 国际城市规划，2008，23（6）：81-92.

供了多个可能串联的节点（图2-11）。类似的，公共绿地如果孤点式均匀分布于城市之中，没有行人尺度的路径相连，则与摆设无异。

　　在尺度连续性方面，真正分形的城市需要有"大尺度—中尺度—小尺度—微尺度"这样从城市结构到街道环境到建筑形式，及至室内装饰的连续性空间形态。这种连续性既包括二维中的道路长宽、街区大小，也包括三维中的城市整体高度、街景天际线、建筑体量、广场小品等。萨林加罗斯严厉批判了阿道夫·鲁斯和勒·柯布西耶关于"装饰即罪恶""去除装饰是文化进程的必需""装饰只是下等人、野蛮人的需求"等言论，并认为装饰的移除其实是将建筑中5mm～2m之间的结构性序列清

除，而这一尺度范围恰好对应人体结构的尺度，比如眼、指、手、臂、身体等[74]。现代主义风格主导下的城市空间往往出现体量简单、立面极简的建筑形式，而实际上带给城市居民的直观感受却越来越差，导致越来越多的人需要在传统的村镇中体会人与空间的关系。尺度的多层次将给建筑及城市带来耐人寻味的一面。因此，分形作为"尺度完整性"的衡量标准之一，对于建筑、城市、景观等空间设计的评估和优化具有重要的实际指导意义。宜人的环境应该有尺度上的空间连续性。

总之，分形城市是一种强调网络性、连通性、尺度连续性的城市结构与空间形态，是对大尺度、巨型城市规划的批判，是对汽车城市回归步行城市的召唤。

（2）建筑模式语言

模式语言是世界运行的基本结构。在城市或建筑语境下，模式语言是使城市或建筑作为系统整体存在的最基本单元，这个单元是一种空间关系，具有可重复性，在重复中有细节的可变化性，无尽的模式重复和无穷的细节变化，造就了人类聚居环境的勃勃生机。

亚历山大在《建筑的永恒之道》中对城市建筑的本质构成展开了系列讨论，指出"首先必须认识城市或建筑根本上是由发生在那儿的事件支配的"，也可以说"一个地方的生活的任一方面、任一系统都是由那些在那里保持重复的人或非人的情境所支配的"[75]。由此，他推理出"城市或建筑的基本结构是由某些要素组成，每一要素都同一定事件模式相联系。就几何层次而言，我们看到一些无尽重复的物理要素以几乎无穷的组合变化组合在一起"[76]。此时的语境下，亚历山大对要素的理解是空间实体本身，是类似物理学原子那样不可细分的基本要素。然而当比较不同教堂时，他发现组成教堂的基本要素，如侧廊、中殿、柱子等是具体变化的，既然有变化，这些基本要素就不是组成教堂空间的"终极的原子"，于是他继续寻找"什么是保持我们称为教堂的相同的东西呢？"[77]这里的"什么"类似柏拉图、亚里士多德思考宇宙的"质"与"恒"，也类似老子所谓的"道"。它不一定是单纯的实体或非实体要素，因为之后亚历山大发现在所谓的基本要素之外，还存在着"要素间的关系，它们也不断重复，正如要素本身重复一样"[78]。

可见，模式语言的落脚点在"关系"而非实体空间。亚历山大提醒我们："如果侧廊不平行于中殿，不靠近它，不比它更狭窄，不和中殿共用柱子，不自东向西……它根本就不是侧廊了。它仅会是在哥特式建筑中一个自由漂浮的长方形空间……而使它成为侧廊的正是它和中殿及其周围其他要素的关系模式。"[79]这种以关系定义空间要素的逻辑，和马克思对人的定义逻辑基本一致，即"人的本质是一切社会关系的总和"。由此也验证了，亚历山大穷尽思考想要找到的是城市或建筑的本质，该本质和人的本质同源，都是要素基于关系被链接成为系统，要素只有在关系中才产生意义，如同家庭关系里的父子、教学关系中的师生，要素需要在特定关系中找到定位、定义、身份、功能等。

对应分形五大特征，总结模式语言的基本属性有如下三点：（1）自我嵌套性。模式由要素和组合关系形成，被形成的模式本身又可以作为要素被重新组合形成新的模式，即尺度视角下，从小到大或从大到小，模式都可以自我嵌套。（2）细节变化性。这一属性主要针对现实中的模式语言，即理论上相同的基本要素，在现实环境中几乎不存在，世界上没有完全相同的两片树叶，但每一片树叶在细节上的不同，不妨碍它们按照相似的组合规则构成一棵大树。（3）整体稳定性。这一属性帮助我们建立"什么是树"的认知，也就是在稳定的组合规则之下，无论要素的细节如何变化，都不会破坏反映其本质的秩序，这个秩序让我们得以自信地说"它是一棵树"。同样，有了细节的变化和整体的稳定，我们在认识一棵树的基础上，还能欣赏每一棵树不同于另一棵的丰富之处，这就是亚历山大所谓的"生气"。

（3）二者的关联特征

分形和模式语言最早源于数学和计算机学科，而后在与城市建筑的交互研究中衍生形成，且本质内涵均可延伸到社会、文化、生物等关于人的几乎所有领域。如国外多位不同领域的学者通过研究认为，人类早期在纯自然的、分形的世界中不断进化，因而其内部组织系统（如心脏、血管、肺部等）和表面感官系统（如视觉、触觉等）都已经适应了分形的外部环境，并且具有接纳和欣赏分形体的倾向。[80]为避免不断延伸带来混乱，本章对二者的关联辨析集中在空间研究领域，具体体现在尺度、法则、原型、同构四个方面。

第一，尺度。普遍模式和具体细节间的区别不是尺寸而是尺度的问题。"给定尺寸的每滴水形状都多少相同——而在较为精密的显微镜下，每一个与下一个又总是稍有不同。在每级尺度下，都有普遍的不变和细节的变化。在这样一个系统中，有无尽的变化，同时有无尽相同的地方。"[81]这段对模式语言的辨析所用的水滴示例，和分形理论常用的雪花示例基本一致，强调存在于自然物中的变与不变：变的是细节，不变的是秩序与关系。模式语言和分形都不强调尺寸，而谈"尺度"，因为二者都是通过嵌套生长不断组合裂变的结构，尺寸在这里是无意义的。萨林加罗斯在《建筑、模式、数学》中指出：分形存在于联系不同尺度层级的等级空间序列，分形的自相似性揭示了在尺度变换中的图形模式。可见，模式的存在是分形空间得以具有相似性的内在原因，有了模式在连续尺度上的重复，分形空间才表现出有序的复杂结构，否则只是失序的混乱。

第二，法则。分形最重要的一个特性是迭代法则，这一法则是对生成机制的描述，如同造字法之于文字、语法之于文章。法则是分形体的生成指令，是基本单元得以生殖为多种变形体的内部编码。和分形的迭代法则相对应，模式的核心在于组合关系，这种组合关系在结构上是稳定的，其组成内容——子要素则在每一次被组合时都有并需要有细节上的变化，这样在稳定的结构（亦即模式）上不断重复生长，形成的系统才是有生气、有活力的，而不是呈现一种理论或实验状态下、排除一切微小扰动的系统，后者不仅缺乏生气与活力，更会失去内在稳定性，抗干扰力几乎为零，因此也是难以持续的。在空间建造语境下，这种必要的细节变化正是"模式"不同于"模数"的重要原因。这种特质被亚历山大一再强化："由于在每一层次上重复和变化的运动，……存在不可限定的粗糙性、松弛性、闲散性，这总是自然所具有的，这种随意的几何形直接来自重复和变化的平衡。……所有树木都相同是不可能的，倘若一棵树的树叶都相同，那么这棵树是不可能有生气的。……每一片叶子都不同，这是对于树完整性的决定性事实。"[82]其中使用的粗糙性、几何形、重复和变化等概念也是构成分形理论的核心内容，即一个粗糙的几何体内部藏着无尽的重复和变化，这些重复和变化存在的合理性与必要性则依赖于法则（或组合关系）的存在，因此，法则是为分形和模式语言赋予生命力的极重要属性。

第三，原型。根据分形和模式语言理论，无论是拆解还是重构一个复杂系统，至少需要两个条件——迭代法则和空间原型。对比分形理论的原始演绎，亚历山大寻找的基本要素恰恰就是分形元。如果说法则是空间的动态生成指令，那么"原型"就是空间生成过程中附着的静态基因。这一原型的存在，使得分形和模式语言都具有不断重复、局部和整体相似、向上或向下无限循环的属性。比较宇宙混沌论的"道生一，一生二，二生三，三生万物"，其中"道"相当于分形元或基本要素，"一生二，二生三"相当于迭代法则，照此法则无限循环，则可"生万物"。可见，无论是柏拉图和亚里士多德的"恒"与"质"、老子的"道"、亚历山大的"基本要素"，还是分形理论中的"分形元与迭代法则"，似乎都在为理解千变万化的宇宙、世界、城市、建筑找到一个恒定的参照，这一参照是理解宇宙、世界、城市、建筑的"统一标尺"，所谓大道至简。

第四，同构。在研究体系上，分形和模式语言始终聚焦人与空间，该空间小到室内，中到邻里、街区，大到城市、乡野间的关系，是一个连续流动的空间范畴，不拘泥于规划、建筑、景观等专业边界，随着聚居规模不断外拓，研究一人之居在室内，三五人之居于庭院，百人之居即社区村落，万人之居到郊县，十万百万到市，千万数亿到都会到国家。当具体内容简化为结构性框架，则天下人居同构。从该角度来看，分形和模式语言也是广义建筑学的一种佐证。

2.3.4　分形应用领域及研究进展

（1）在人居环境领域中的应用

自曼德布罗首次提出"分形"概念并将其应用于实践之后，分形理论逐渐被引入多个学科领域，相关理论研究也取得了丰硕成果（表2.2）。整体来看，国内外城

表2.2

国内外引入分形的城乡规划研究概况（核心文献）

编号	主要作者	发表年份	主要内容	研究层级	主要方法	备注
1	罗志刚	2004	解释人居环境系统在微观领域中包含的多尺度、多层级自相似的分形特征	人居环境系统	抽象图示	通过图示演绎人居系统基本单元的组织进化。直观地揭示出从原始聚落到现代城市再到全球系统的层级谱系特征
2	张宇星	1995	以分形视角分析并总结城市和城市群在形态、区位、等级、密度等多方面的分形特征	城市群	数理比较、图形分析	针对城市群提出"区位自相似链"比较
3	迈克·巴迪，P. A. 隆利	1987	测算英国Cardiff城市边界的分维	城市	structured walk; equipaced polygon method	只是方法的探索，并未说明城市边界线分维代表的意义
4	迈克·巴迪，P. A. 隆利	1986	伦敦住宅类型分布的分形结构模拟	城市	离散选择模型；标准多项式分对数模型	—
5	刘继生	1996	东北城市体系空间结构分维测算及优化建议	区域	breaking point model	—
6	迈克·巴迪，P. A. 隆利	1994	城市地理研究，探索城市发展与空间生长的关系	区域	—	—
7	Liang Jiang, Hu Yanqin, Hui Sun	2013	城市绿地广场空间布局的分维测算和分析	片区	新孔隙法（New Lacunas）	结合室外环境设计与人体尺度相关理论，对盒维数法进行改良
8	陈彦光	2006	阐述规划语境下的分形城市内涵	城市	—	对巴迪院士提出的城市理想分维值（1.71）的得出内在原因进行了解释
9	萨林加罗斯	2003	城市网络中的等级性与连接性	城市	—	—
10	Cécile Tannier, Gilles Vuidel, Hélène Houot, et al.	2012	从城市商业服务设施及乡村便利设施的可达性角度分形量衡量城市形态的优势	城市	MUP-City	MUP-City由Tannier等人在2010年发表的法语论文中提出。它是依据分形城市原则来辨别可进行城市化建设区域的计算方法
11	萨林加罗斯	1999	批判现代规划与建筑对尺度连续性的忽视，强调分形理论中"模式"的重要性	城市建筑	—	—

续表

编号	主要作者	发表年份	主要内容	研究层级	主要方法	备注
12	Lucien Benguigui, Daniel Czamanski, Maria Marinov, et al.	2000	对1935年以来特拉维夫市（Tel Aviv）大都市整体及其组成部分的用地发展情况进行分维测算	城市	网格法	提出只有 $R^2 \geq 0.996$ 时，物体才是分形的
13	Haowei Wang, Xiaodan Su, Cuiping Wang, et al.	2011	丽江城市土地利用分维测算及绿地空间优化建议	城市	盒维数法；面积-半径法；Smeed model	对于三种分维计算方法进行较为详细的解释，值得借鉴与筛选
14	Cooper	2003/2005/2008	对城市街道边界、街景、城市天际线的分形评估	片区	—	—
15	Stephan K. Chalup, Naomi Henderson, Michael J. Ostwald, et al.	2011	阿姆斯特丹、悉尼、苏州的局部城市天际线的分维测算	片区	盒维数法	—
16	Bovill	1996	现代建筑立面平面的分形比较	建筑	盒维数法	—
17	Yannick Joye	2011	对建筑分形研究方法进行全面综述	建筑	图形比较分析	萨林加罗斯学生，观点一脉相承
18	陆邵明	2010	以几何图形分析上海像园的分形布局结构	建筑	几何图形分析	提出像园分形基本图式的7种变换模式，直观的模式说明值得借鉴
19	罗恩·埃格拉什	2005	对非洲本土聚落、建筑、手工艺品、装饰、发饰、游戏等蕴含的分形图式进行研究	城市、建筑、手工艺品	图形迭代分析	全书以图形的分形迭代模拟为主要分析方法，有别于国内外其他本质内涵的研究方法，从分形出发，简明的分形分析出发。同时，呈现出直观，社会学，人类学，社会学分析视角的引入，更深刻地揭示了非洲分形的渊源
20	Nikos A. Salingaros	2014	基于分形思想提出建筑与城市设计的新理论	城市、建筑	—	结合人体生物学，以身体感为视角，体验等为视角，说明分形建筑与城市的设计要点。以及分形环境的亲生物性。以及分形环境与设计要点

注：表中按研究层次从宏观到微观排序。1~18为期刊文献和会议论文，19~20为出版著作

市分形研究在内容上主要集中于城镇及镇村体系、城乡土地利用、城市空间结构、城市人口以及单体建筑设计等方面。在研究方法上，多采用离散选择模型、细胞自动机、盒维数法（即网格法）、半径法、膨胀法等，结合微分方程、幂律函数、双对数回归等数理推导进行分形维数测算及相关分析。

此外，国内外以图形分形为研究视角的学者不在少数，其研究对象多为建筑、园林及城乡聚落。具有代表性的如巴迪和隆利在《分形城市》一书中对比分析了田园城市、带状城市、棱堡城市等理想城市模型的分形图式（图2-12），罗恩·埃格拉什教授在《非洲分形：现代计算模拟与本土设计研究》一书中以分形元迭代法模拟了大量非洲传统聚落的分形图式（图2-13），李德仁和廖凯、冒亚龙和雷春浓[83]从图形相似比较角度分析了中国传统城市布局模式与古典园林的广义分形特征（图2-14、图2-15）。此后，冒亚龙（2005，2010）、雷春浓（2005）、何镜堂（2010）等人先后从图形相似及尺度层级分析了国外著名建筑（马赛公寓、朗香教堂、东京Tod's Omotesando大楼等）的分形图形特征。Yannick Joye同样以图形相似性验证分析了米兰大教堂和印度神殿的分形特征[84]。在城市土地与三维空间形态方面的分形研究之外，还有一些针对城市人口、交通体系、城市经济、乡村聚落等方面的研究探索。

（2）主要方法与可借鉴观点

通过对国内外相关文献的内容梳理，结合本书研究内容，在方法和重要观点上有一些可借鉴的内容，这些借鉴不仅是对本研究的指导，也是本书进行结论输出、原因剖析、案例应用的理论基础（表2.3）。

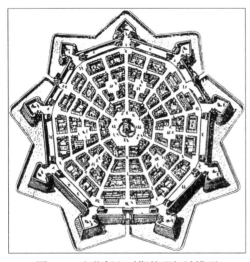

图2-12　文艺复兴时期的理想城模型
来源：Batty M, Longley P A. Fractal Cities[M].
London: Academic Press, 1994.

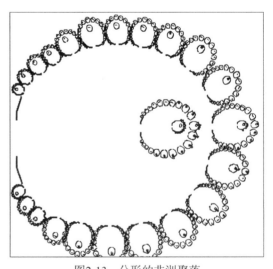

图2-13　分形的非洲聚落
来源：Eglash Ron. African Fractals: Modern
Computing and Indigenous Design[M].
Rutgers University Press, 1999.

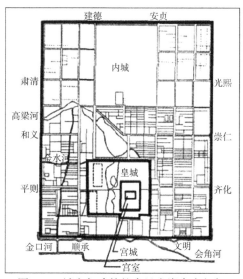

图2-14 城市与建筑的多尺度嵌套自相似

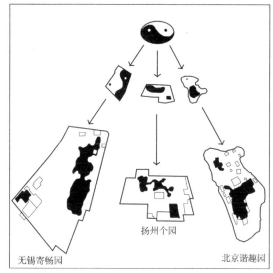

图2-15 以太极为原型的古典园林变换分形

来源：冒亚龙，雷春浓. 生之有理，成之有道：分形的建筑设计与评价[J]. 华中建筑，2005（2）：16-18，33.

国内外核心文献重要方法与观点借鉴 表2.3

编号	作者	借鉴方法	借鉴观点
1	Liang Jiang, Hu Yanqin, Hui Sun	借鉴新孔隙法，结合本课题研究对象，引入村镇设计中的相关尺度（如出行半径、绿地规模等），对方法进行调试与应用	—
2	萨林加罗斯	—	1. 阿道夫·鲁斯和柯布西耶关于"装饰即罪恶""装饰只是下等人、野蛮人的需求"等言论，是对建筑生命力的剥夺。建筑装饰实则是建筑整体中5mm～2m之间的结构性序列，这一尺度范围对应人体感知建筑的尺度（眼、指、手、臂、身体等）。2. "模式"是分形概念中重要的关键词之一，相当于分形元或基本图式或普世尺度。单独的分形维数不足以作为分形依据。解构主义的建筑看似可以通过计算得出统计意义的分形维数，但这种建筑设计是没有内在模式的，无论在单一尺度上还是跨尺度层级中[85]
3	Haowei Wang, Xiaodan Su, Cuiping Wang, etc.	盒维数法与面积-半径法的结合	—
4	陆邵明	图形分析法、基本图式的模式变换法	—
5	张宇星	图形比较法	同一区域内的城市群（聚落群）在区位上具有内部自相似性，这源于区域竞争中对资源的选择，既是对资源的合理竞争，同时也避免优质资源的浪费

编号	作者	借鉴方法	借鉴观点
6	罗恩·埃格拉什	图形迭代分析	一些古老聚落的空间形态呈现分形的原因在于，社会制度的等级关系、人类对宇宙的无穷与嵌套的认识观、人类对生命循环无限的认识与崇拜（如手工艺品对子宫的模仿及对生命循环的隐喻）
7	萨林加罗斯	建筑主要构件的尺寸比较方法（应用于窑洞建筑、村落绿地开敞空间等）	1. 人类在自然环境下的遗传进化中，适应性地生成了一套可以欣赏并亲近自然分形体的生物系统，因此，具有分形特征的环境设计是亲生物性的、怡人的。2. 活力的城市是以网络的形式发挥作用的，连接途径也应遵循普适分布法则：如它应具有少量的高速公路，大量的普通公路，较多的是当地街道，更多的是小巷、自行车道和人行道[86]。3. 双对数图表中，直线（即斜率线）表现的是普适分布法则，均匀分布的点（确切地说，是点所对应的网格尺寸）表现的是普适尺度[87]。4. 农业产业、社会住宅等应该提倡小规模开发，这一观点与穆罕默德·尤努斯推行的小额信贷理念暗合，并在舒马赫的著作《小的是美好的》中被大力提倡

在分维测算方法中，应用最广、操作性较强的是半径法、网格法（盒维数法）以及关联维数法。网格法和关联维数法主要刻画研究对象在形态上的复杂度、在结构上的均衡度，以网格大小和研究对象间的直线距离为测算基础数据，无需确定研究对象的形态中心。英国伦敦学院先进空间分析中心（CASA）的研究员通过大量的应用对比得出，盒维数法是最适宜测量复杂结构的方法，并且该方法可以通过网格图形展示，像城市地图、鸟瞰、遥感影像一样直观简明[88]。鉴于以上，本书中有关分形指标测算的方法以网格法和关联维数法为主。

2.4 黄土高原分形地貌与聚落分形研究概况

2.4.1 黄土高原分形地貌研究

分形地貌学（fractal geomorphology）的概念由地理学者李后强和艾南山首次提出，是一门用分形方法及原理研究地表形态及其发生、发展和分布规律的科学[89]。之所以将分形与地貌结合研究，是因为自然地貌本身就具有一定的分形属性。以流水地貌为例，水流的不断冲刷在地表留下或深或浅的冲沟，大冲沟之内的水流在向外径流的过程中继续冲刷出较小的冲沟，较小的冲沟周围则会类似地出现更小的冲沟，于是在长年累月的、不断扩散的冲刷下，流水地貌呈现出类似"主干—次主干—枝干—次枝干—末枝"的树状或羽状形态（图2-16）。可见地貌无论形成过程，还是最终形态，都符合分形的基本特征，即不同尺度之间的相似性和循环迭代性。

相较于城乡规划领域引入分形研究的初期摸索阶段，地理学界引入分形展开的地貌研究已经进入成熟时期。由于地貌涉及的成因、要素、形态等广泛而复杂，分

形的引入正是为了以一种数理工具
简化对于地貌的特征描述，且目前
较成熟的分形地貌多指二维平面形
态上的分形，因此分形地貌的直接
研究对象主要以地貌之上的水系要
素作为表征，通过对水系形态的分
形计算得出数理关系，从而解释分
形数值所代表的地貌发育程度及破
碎化程度。

　　在对地貌的分形研究方法上，
国内外研究学者基本形成了较为成
熟的测算方法与数理模型。D. G.
Tarbotona等（1988）借助DEM技术，
分别用尺子法、盒盖法和超出数

图2-16　陕西延安黄陵县洛河

概率法研究了水系的分形特征。R. S. Show（1989）利用Richarson方法（1961）计
算了12条形态各异的单河道的分维值，研究了河道弯曲度的分形结构。V. I. Nikora
（1991）选取河道宽度B和河谷宽度B_0两个控制参量研究水系的分维特征[90]。陈彦
光、李宝林采用Horton和Hack模型对吉林省10个代表性水系进行了参数测算和数据
回归拟合，分析了吉林省水系分形结构的分异规律及其动因[91]。龙腾文、赵景博利
用Horton定律和分维数学公式计算出陕北葫芦河流域的分维值，并延伸分析了水系
分维值隐含的流域发育信息[92]。沈中原、李占斌等学者采用多重分形谱对黄土高原
大理河流域进行分维测算，分析了多重分形参数所表征的流域地貌特征[93]。胡最、
梁明等学者借助网格法测算了陕北韭园沟流域边界的二维分形维数和三维分形维
数，并通过比较两种分维结果得出韭园沟流域地貌的发育状态[94]。蔡凌雁、汤国安
也采用网格法计算了陕北河流水系的分维信息，通过数据统计与分析得出不同黄土
高原地貌类型与对应河流水系分维的关系[95]。综上，已有分形地貌的研究，按照内
容与方法的侧重初步可以分为以下三类：（1）以分形维数为指标，结合地貌学理
论，对地貌的发育阶段、成熟度、类型等进行判断和划分；（2）结合分形理论在地
貌学中的表征内涵，对地貌发育的动力因素、动力机制进行分析和描述；（3）借助
计算机和分形模型的构建，对特定地貌进行人工模拟，通过比较模拟地貌与真实地
貌之间的异同，从而揭示地质、风力等自然因素在实际地貌形成过程中的影响程度
及影响规律等。

　　总体来看，分形地貌的研究整体上侧重对分维值的测算与分析，这种量化研究
方法已趋成熟且具有较强的客观性，对于指导本书以马湖峪河流域为实证案例的研

究具有理论支撑与方法借鉴价值。然而，分形创始人曼德布罗（1982）曾经提出，自然界随机模型（是否分形）的基本验证首先来自观察，其次才是数据比较。作为分形理论核心内涵之一的图形分形对于揭示研究对象的形态特征具有重要意义。同时，从城乡空间规划角度出发，河流水系的图形分形研究有助于在可视化图形角度指导与之息息相关的人居空间分形研究及二者的关联分析。因此，本书将尝试以图形结合数据的方法展开研究，希望作为图形分析方法的一次尝试，也作为对已有量化研究的有益补充。

2.4.2　黄土高原聚落分形研究

由于陕北黄土高原的聚落分布与其特殊的流水冲刷地貌密切相关，国内针对该地区的聚落研究多以流域、地貌为单元展开。

多年来，国内以周若祁、刘临安、周庆华、陈宗兴、于汉学、虞春隆、刘晖、曹向明等一批优秀学者为代表，致力于陕北黄土高原人居环境相关研究，并取得了丰硕的理论与实践成果。陈宗兴（1994、1995）、尹怀庭（1995）、汤国安（2000）、惠怡安（2010）等人在研究陕北丘陵沟壑区农村聚落分布时，基本上从单体聚落的分布区位、分布趋向性、分布形态及一定区域内聚落群体组合特征等方面展开，分析总结了聚落的空间结构特征及形态特征。周庆华教授在研究陕北城镇空间形态演化时首次指出，中小流域的人居环境与自然环境的关系存在一定的分形特征，小流域人居环境社会结构很大程度取决于自然生态环境。同时，他强调并系统性地阐释了河谷水系对陕北人居空间的多重效应，指出了小流域营造具有归属性、独立性、景观交错性等丰富人居空间的潜力[96][97]。于汉学、周若祁、刘临安教授（2005）指出了常规规划以行政区划作为研究边界的不足，从系统科学角度提出以流域为单元研究陕北黄土高原人居环境的合理性与科学性，并以陕北枣子沟小流域为例，运用生态学理论进行流域自然环境评价并建立了景观生态安全格局，为该流域提出初步的人居环境发展策略[98]。刘晖教授根据黄土高原景观空间格局将小流域分为山地型、川道型、台塬型等三种基本类型，分别选取了位于延安和洛川的三个代表性小流域作为人居生态基本单元，从自然支持系统、人居支持系统、人居建设系统等方面展开研究，提出了三种单元的人居生态安全模式[99]。郭晓冬在其研究葫芦河流域乡村聚落空间结构的博士论文中，初步运用分形理论对研究对象进行了分维测算和分析，并采用一个章节分析了地区乡村聚落的社会空间结构。他从社会变迁、社会事实、日常生活、风俗习惯等多个方面展开，分析总结了乡村聚落的社会空间结构特征，并与空间形态联系比较得出相关结论[100]。这是在众多黄土高原聚落空间分布研究文献中，少有地将社会观察视角下的聚落结构重点展开的一例。杨萌从整体历时性的角度对陕北小流域人居环境的空间演化展开研究，总结了小流域聚落空间的分布、结构、形态等多种特征，最后结合实例研究提出了聚落发展的几种不同空间发展模式[101]。虞春隆、周若祁教授通过分析认为，不同面积、坡度、水网形态的小流域，其人居分布及形态也各有差异。因此，他们按照从特殊到一般的思路，以面积、坡度、水网体系三个指标对黄土高原沟壑区小流域进行分类，并选取各类典型小流域展开类型化研究，为小流域人居环境的生态发展提出了控制性原则[102]。

综合而言，早期的城乡规划领域关于陕北聚落空间分布的研究文献中，其视角与方法基本可以概括如下：相对地貌、交通、水源而言的聚落分布区位，相对水系、沟谷等地貌形态而言的聚落群组分布形态及分布结构，平面几何形状描述下的单体聚落形态类型划分，一定区域范围内聚落密度与规模的量化描述等。这些视角下的研究结论基本一致或相似，说明学界对于陕北聚落分布特征的研究趋于成熟且达成了共识。2000年以后的城乡规划领域关于陕北聚落分布的研究文献，逐渐出现了新的视角与方法，如周庆华教授、汤国安教授、郭晓冬博士等人，在诸多论文中不同程度地引入了分形理论及方法，试图对陕北聚落分布的特征加以直观、量化的描述和分类。

对于陕北黄土高原人居环境的研究重点在于结合地貌的比较分析，研究对象从整体宏观的等级体系研究到具体微观的小流域聚落分布研究，研究方法以图形叠加比较为主。整体而言，从研究方法、研究视角、主要结论来看，于汉学博士采用图形叠加与数据统计展开的地貌与聚落耦合分析方法、郭晓冬博士引入社会学视角对聚落展开社会空间调查的视角、周庆华教授对于陕北聚落与地貌的分形耦合及资源能量层级递进的观点等，非常值得本课题学习与借鉴。

2.5 本章小结

综观国内外关于城乡规划、地貌分形、黄土高原人居环境研究的已有成果，在研究视角及方法上具有以下三点特征：（1）以分形视角进行城乡规划、地貌分形相关研究的方法主要集中于数理分析，少量国外学者和研究机构进行了图形分析和软件模拟的探索，国内学者在图形分析方面的尝试与成果较少；（2）将分形引入黄土高原地域内的研究内容主要集中于地貌研究，应用于黄土高原人居环境的研究较少，将地貌与聚落结合起来进行分形特征比较与关联的研究几乎空白；（3）以往对于黄土高原人居环境的研究多从景观生态学、城乡规划理论等角度出发，2000年以后少量学者开始引入分形视角对黄土高原人居环境与地貌的关系进行阐述性分析。总之，分形理论在城镇形态与地貌形态的分别应用已进入全面展开的阶段，已有分形测算方法和国外学者正在探索的分形图形和软件模拟都为研究提供了较好的方法平台。然而以分形视角对二者进行关联性特征的探究目前较少，如何基于前人成果，融入新的视角与方法，简明、直观地揭示聚落分布与分形地貌的相互关系及特征规律，将成为课题研究的挑战与动力。

本书在挖掘陕北黄土高原乡村聚落生长智慧的过程中，引入分形视角及其测算方法的核心意义在于以下三个层面：

宏观上来看，自然地理条件如地质、地貌、气候、水文、土壤、植被首先作为人类生存环境通过影响人口分布而影响城乡聚落的形成发展[103]。在城乡聚落与自然地理条件的众多关系特征中，"临水而居"是城乡聚落分布的普遍规律[104]，可见地貌、水系等是人居形成与发展的基础，因此也是研究聚落分布的重要依据。分析聚落分布的内在规律，以及进一步引导聚落生态发展等，具有重要的现实指导意义。

中观层面上，黄土高原沟壑区人居环境研究是以地形地貌特征为标识的，地形地貌可以成为解读黄土高原沟壑区城镇与村落人居环境特征和分布规律的一把重要的钥匙[105]。在陕北世代居民的尝试与积累中，地貌与聚落的特殊制约关系逐渐转为相对稳态与和谐的关系，沉淀了深厚的人居智慧。因此，研究城乡聚落分布与地貌、水系的空间形态关系，揭示二者的相互作用机制，探寻聚落分布与地貌之间的分形关系，可以对其中蕴藏的人居智慧进行挖掘与总结，对现状存在的不适应现代发展需求或与环境生态性冲突的聚落分布进行分析与调整，无论是智慧的总结、问题的分析，还是现状的优化，对于陕北特殊地貌下的人居环境发展都将具有一定的启示与指导意义。

微观层面上，陕北黄土高原小流域经过长期流域内生活人群与小流域自然资源的相互作用，形成了独特的人文、经济特征。因此小流域实际上是黄土沟壑区自然—社会—经济复合系统的基本单元[106]。选取马湖峪河流域作为研究案例，分析这一基本单元内聚落分布与分形地貌的相互关系，对于理解陕北整体人居环境发展中的智慧及问题具有以小见大的作用。同时，在新型城镇化背景下，小流域中的村镇聚落已经开始了逐步迁并的"收缩"进程。同济大学的赵民教授曾指出，面对当下出现的村镇自发性衰败、萎缩现象，如何提出"精明收缩"的策略是一项重要课题。因此，以马湖峪河流域为例，引入分形理论与方法探索村镇聚落的变迁、"收缩"过程，发现自发性"收缩"的规律性特征与问题，对于进一步引导村镇体系的发展具有实际的参考价值。

最后，在方法层面，分形作为新的分析视角，对于揭示陕北黄土高原地貌与聚落分布的空间关联性特征及规律，具有积极的补充意义。作为理论方法的尝试，基于分形视角对黄土高原聚落分布进行优化方案的构想及比较分析，对分形理论自身的应用实践也将具有一定的补充意义。

参考文献

[1] 周庆华. 黄土高原·河谷中的聚落：陕北地区人居环境空间形态模式研究[M]. 北京：中国建筑工业出版社，2009.

[2] 史念海. 黄土高原历史地理研究[M]. 郑州：黄河水利出版社，2001.

[3] 熊礼阳，汤国安. 黄土高原沟谷地貌发育演化研究进展与展望[J]. 地球信息科学学报，2020，22（4）：816-826.

[4] 郑永超. 黄土高原地区村落类型划分与振兴路径研究[D]. 宁夏大学，2022.

[5] 陈怡平，张义. 黄土高原丘陵沟壑区乡村可持续振兴模式[J]. 中国科学院院刊，2019，34（6）：708-716.

[6] 苏航. 黄土高原沟壑型村落乡村振兴模式探索：以洛川县黄连河村为例[J]. 城市建筑，2020，17（14）：14-17.

[7] 张亮，文琦. 黄土高原乡村振兴评价指标体系建设研究[J]. 宁夏工程技术，2021，20（3）：244-250.

[8] 张轩畅，刘彦随，李裕瑞，等. 黄土丘陵沟壑区乡村生态产业化机理及其典型模式[J]. 资源科学，2020，42（7）：1275-1284.

[9] 魏秦. 黄土高原人居环境营建体系的理论与实践研究[D]. 浙江大学，2008.

[10] 李钰. 陕甘宁生态脆弱地区乡村人居环境研究[D]. 西安建筑科技大学，2011.

[11] 王南，刘滨谊. 基于集水造绿的黄土高原半干旱区乡村规划生长方式探讨[J]. 华中建筑，2016，34（1）：34-38.

[12] 常虎，王森. 黄土高原村域农村人居环境质量评价研究：以子洲县西北部为例[J]. 农村经济与科技，2019，30（9）：27-30.

[13] 杨晴青，高岩辉，杨新军. 基于扎根理论的乡村人居环境系统脆弱性-恢复力整合研究：演化特征、路径与理论模型[J]. 地理研究，2023，42（1）：209-227.

[14] 董嘉薇，陈海，白晓娟，等. 陕北黄土高原乡村振兴战略对生态系统服务的影响及原因研究：以陕西省米脂县为例[J]. 西北大学学报（自然科学版），2022，52（4）：643-655.

[15] 王煦然，原野. 黄土高原沟域生态保护修复与乡村振兴的结合路径：以山西省静乐县为例[J]. 中国土地，2021（9）：37-39.

[16] 董鹏达，董欣，朱菁，等. 基于耦合关系的乡村产业规划研究：以陇东黄土高原沟壑区显胜乡为例[J]. 西部人居环境学刊，2023，38（4）：151-160.

[17] 赵佳宇. 乡村振兴背景下山西省特色农业产业发展探索[J]. 农机使用与维修，2023（6）：96-98.

[18] 张帆，李远航. 基于乡村振兴战略的彭阳县林草特色产业高质量发展路径研究[J]. 中国水土保持，2023（6）：7-10，5.

[19] 杨锋梅. 基于保护与利用视角的山西传统村落空间结构及价值评价研究[D]. 西北大学，2015.

[20] 李明. 生态窑居度假村对黄土高原地区传统聚落复兴意义初探[D]. 西安建筑科技大学，2006.

[21] 向远林，曹明明，翟洲燕，等. 陕西窑洞传统乡村聚落景观基因组图谱构建及特征分析[J]. 人文地理，2019，34（6）：82-90.

[22] 马健伟. 山西省黄土窑洞典型破坏特征及加固技术研究[D]. 太原理工大学，2022.

[23] 刘加平，何泉，杨柳，等. 黄土高原新型窑居建筑[J]. 建筑与文化，2007（6）：39-41.

[24] 左丹. 青海乡村传统民居院落景观的设计研究[D]. 青海大学，2015.

[25] 冯爽. 陕北黄土沟壑区乡村聚落窑洞民宿群景观营建[D]. 西安建筑科技大学，2023.

[26] 崔丽丽. 陕北地区新农村景观规划初探[D]. 西安建筑科技大学，2010.

[27] 姚张堡. 融合地域文化特色的西北新农村景观设计[D]. 兰州大学，2019.

[28] 陶静. 陕北传统村落红色景观评价与利用研究[D]. 西北农林科技大学，2022.

[29] 王嘉，高静. 黄土高原地区村落景观格局演变研究：以山西省临汾市汾西县后加楼村为例[J]. 城市建筑，2020，17（25）：183-185.

[30] 李壁成，刘德林，张膺. 西北黄土高原乡村土地景观格局优化与生态环境功能区研究：以宁夏固原市上黄村为例[C]//中国环境科学学会. 2010中国环境科学学会学术年会论文集（第二卷）. 北京：中国环境科学出版社，2010：6.

[31] 李倩钰. 黄陵县沮河双龙段乡村景观研究[D]. 北京林业大学，2022.

[32] 朱媛媛，周笑琦，陈四云，等. 中国乡村旅游重点村的空间分布与影响因素研究[J]. 华中师范大学学报（自然科学版），2020，54（5）：874-881，912.

[33] 姜剑波. 乡村振兴背景下山西地区文化旅游建设路径研究：以山西省忻州市偏关县老牛湾景区为例[J]. 西部旅游，2023（7）：70-72.

[34] 咸少春. 环县乡村旅游资源及其发展对策[D]. 兰州大学，2017.

[35] 陈琳，邸利，潘秀雅，等. 美丽乡村田园综合体视野下生态农业景观规划设计：以黄河流域耤河示范区花牛镇苹果种植园为例[C]//中国地理学会经济地理专业委员会. 2019年中国地理学会经济地理专业委员会学术年会摘要集. 甘肃农业大学，2019：1.

[36] 李壁成，方炫. 黄土高原乡村生态系统健康评价指标体系与生态经济功能区试验研究[C]//中国环境科学学会. 2011中国环境科学学会学术年会论文集（第四卷）. 北京：中国环境科学出版社，2011：8.

[37] 宋永永. 黄土高原城镇化过程及其生态环境响应[D]. 陕西师范大学，2021.

[38] 王飞，山仑，戈文艳，等. 黄土高原水土保持高质量发展研究重点[J]. 中国水土保持，2022（9）：61-64，7.

[39] 曹文洪，张晓明. 新时期黄河流域水土保持与生态保护的战略思考[J]. 中国水土保持，2020（9）：39-42.

[40] 李婷. 基于平衡计分卡的甘肃省水土保持项目绩效评价指标体系构建[D]. 兰州大学，2021.

[41] 张金良. 基于新型淤地坝的黄土高原"小流域+"综合治理新模式探讨[J]. 人民黄河，2022，44（6）：1-5，43.

[42] 胡春宏，张双虎，张晓明. 新形势下黄河水沙调控策略研究[J]. 中国工程科学，2022，24（1）：122-130.

[43] 贾泽祥. 黄土高原地区社会经济环境对水土保持生态建设的影响[J]. 中国水土保持，2005（12）：31-33.

[44] 李家祥. "三生"空间视角下陕西省土地利用形态演变及驱动因素研究[D]. 西北农林科技大学，2023.

[45] 刘德林. 黄土高原上黄小流域土地利用格局动态变化与生态功能区研究[D]. 中国科学院研究生院（教育部水土保持与生态环境研究中心），2010.

[46] 鱼小敏. 基于乡村振兴战略的陇西县土地资源保障能力研究[D]. 西北师范大学，2020.

[47] 台灵啸. 延安市耕地时空变化及其驱动力分析[D]. 长安大学，2023.

[48] 周建，李超，张佰林，等. 不同地貌类型下黄土高原典型县域新增耕地利用变化[J]. 农业工程学报，2023，39（14）：254-260.

[49] 杨建辉，周天新，聂祯，等. 黄土高原（陕西）传统村落典型三生空间模式[J]. 风景园林，

2022，29（7）：118-123．

[50] 邓傲. 基于雨洪调适的陕北黄土高原传统村落营建智慧及空间模式研究[D]. 西安建筑科技大学，2023．

[51] 邢盼军. 陕北沟壑型传统村落洪涝灾害预防营建智慧研究[D]. 西安建筑科技大学，2022．

[52] 赵海清. 西北黄土高原沟壑区传统村落低碳特性的实证研究[D]. 西安建筑科技大学，2020．

[53] 涂雯，马理辉，冯喆. 乡村振兴视角下"三生"空间格局演变及优化策略：以陕西省米脂县高西沟村为例[J]. 水土保持通报，2023，43（2）：372-380．

[54] 苏练练. 陕北黄土高原沟壑区乡村三生空间基因研究[D]. 西安建筑科技大学，2023．

[55] 王劲峰，徐成东. 地理探测器：原理与展望[J]. 地理学报，2017，72（1）：116-134．

[56] 刘彦随. 现代人地关系与人地系统科学[J]. 地理科学，2020，40（8）：1221-1234．

[57] 刘彦随，周扬，李玉恒. 中国乡村地域系统与乡村振兴战略[J]. 地理学报，2019，74（12）：2511-2528．

[58] 白宇. 北方农牧交错带人地系统演化探究[D]. 长安大学，2023．

[59] 黄晶，薛东前，马蓓蓓，等. 黄土高原乡村地域人–地–业协调发展时空格局与驱动机制[J]. 人文地理，2021，36（3）：117-128．

[60] 薛东前，王莎，王佳宁，等. 黄土高原乡村"人水土"系统协同与机制[J]. 资源科学，2022，44（9）：1809-1823．

[61] 朱莹，张向宁. 演进的"乡土"：基于自组织理论的传统乡土聚落空间更新设计研究[J]. 建筑与文化，2016（3）：108-110. 转引自：Mandelbort B B. The Fractal Geometry of Nature [M]. New York: Freeman, 1983.

[62] 杨晓丹. 非洲分形之美：评《非洲分形：现代计算模拟与本土设计研究》[J]. 国际城市规划，2015（4）：116-123．

[63] 田达睿，周庆华. 国内城市规划结合分形理论的研究综述及展望[J]. 城市发展研究，2015（5）：96-101．

[64] 同参考文献[62].

[65] 刘东洋. 不安的自省：留学札记（二）[J]. 建筑学报，1995（4）：42-45．

[66] 肖彦. 从亚历山大到萨林加罗斯[D]. 大连理工大学，2012．

[67] [美] C. 亚历山大. 建筑的永恒之道[M]. 赵冰，译. 北京：知识产权出版社，2002．

[68] 钱穆. 晚学盲言：上[M]. 上海：生活·读书·新知三联书店，2014：3．

[69] Michael Batty, Paul Longley. Fractal cities: a geometry of form and function[M]. San Diego: Academic Press, 1994.

[70] Eglash Ron. African fractals: modern computing and indigenous design[M]. Rutgers University Press, 1999.

[71] 陈彦光. 分形城市与城市规划[J]. 城市规划，2005（2）：33-40，51．

[72] [美]尼科斯·A. 萨林加罗斯. 连接分形的城市[J]. 刘洋，译. 国际城市规划，2008，23（6）：81-92．

[73] Dupuy G. L. Urbanisme des réseaux[M]. Paris: Armand Colin, 1991.

[74] SALINGAROS N A. Architecture, patterns, and mathematics[J]. Nexus Network Journal, 1999 (1): 75-86.

[75] [美]尼科斯·A. 萨林加罗斯. 新建筑理论十二讲[M]. 李春青，译. 北京：中国建筑工业出版社，2014：53．

[76] 见参考文献[75]：65-66．

[77] 见参考文献[75]：67．

[78] 见参考文献[75]：68．

[79] 见参考文献[75]：69．

[80] 见参考文献[74].

[81] [美] C. 亚历山大. 建筑的永恒之道[M]. 赵冰，译. 北京：知识产权出版社，2002：114.

[82] 见参考文献[81]：116.

[83] 冒亚龙，雷春浓. 生之有理，成之有道：分形的建筑设计与评价[J]. 华中建筑，2005（2）：16-18，33.

[84] Yannick Joye. A review of the presence and use of fractal geometry[J]. Environment and Planning B: Planning and Design, 2011(38): 814-828.

[85] 同参考文献[72].

[86] [美]尼科斯·A. 萨林加罗斯. 新建筑理论十二讲[M]. 李春青，译. 北京：中国建筑工业出版社，2014：59.

[87] 见参考文献[86]：67.

[88] Fatih Terzi, H. Serdar Kaya. Analyzing urban sprawl patterns through fractal geometry: the case of istanbul metropolitan area[DB/OL]. http://www.casa.ucl.ac.uk/, CASA Working Paper Series, No.144, 08/2008, Center for Advanced Spatial Analysis - University College London.

[89] 李后强，艾南山. 分形地貌学及地貌发育的分形模型[J]. 自然杂志，1992（7）：516-519.

[90] 高鹏，李后强，艾南山. 流域地貌的分形研究[J]. 地球科学进展，1993，8（5）：63-70.

[91] 陈彦光，李宝林. 吉林省水系构成的分形研究[J]. 地球科学进展，2003（2）：178-184.

[92] 龙腾文，赵景博. 基于DEM的黄土高原典型流域水系分形特征研究[J]. 地球与环境，2008，36（4）：304-308.

[93] 沈中原，李占斌，李鹏，等. 流域地貌形态特征多重分形算法研究[J]. 水科学进展，2009，20（3）：385-391.

[94] 胡最，梁明，王琛智. 基于GIS的典型黄土小流域边界线分形特征研究[J]. 华中师范大学学报（自然科学版），2014，48（1）：117-123.

[95] 蔡凌雁，汤国安，熊礼阳，等. 基于DEM的陕北黄土高原典型地貌分形特征研究[J]. 水土保持通讯，2014，34（3）：141-144，329.

[96] 周庆华. 基于生态观的陕北黄土高原城镇空间形态演化[J]. 城市规划汇刊，2004（4）：84-87，96.

[97] 周庆华. 陕北城镇空间形态结构演化及城乡空间模式[J]. 小城镇规划，2006（2）：39-45.

[98] 于汉学，周若祁，刘临安. 黄土高原沟壑区小流域人居环境规划的生态学途径：以陕北枣子沟小流域为例[J]. 西安建筑科技大学学报（自然科学版），2005，37（2）：189-193，209.

[99] 刘晖. 黄土高原小流域人居生态单元及安全模式：景观格局分析方法与应用[D]. 西安建筑科技大学，2006.

[100] 郭晓冬. 黄土丘陵区乡村聚落发展及其空间结构研究[D]. 兰州大学，2007.

[101] 杨萌. 陕北黄土高原沟壑区小流域人居环境空间演化研究[D]. 西安建筑科技大学，2008.

[102] 虞春隆，周若祁. 黄土高原沟壑区小流域人居环境的类型与环境适宜性评价[J]. 新建筑，2009（2）：74-78.

[103] 周一星. 城市地理学[M]. 北京：商务印书馆，1995.

[104] 赵珂，冯月，韩贵锋. 基于人地和谐分形的城乡建设用地面积测算[J]. 城市规划，2011，35（7）：20-23，77.

[105] 于汉学. 黄土高原沟壑区人居环境生态化理论与规划设计方法研究[D]. 西安建筑科技大学，2007.

[106] 同参考文献[98].

生长环境：陕北黄土高原地貌分形特征

陕北乡村聚落的孕育、生长、成熟与其所处的黄土高原地貌密不可分：如果说黄土高原是大地指纹，那么乡村聚落则是人类在大地指纹上的雕刻艺术。在了解陕北乡村聚落的生长足迹及其智慧之前，首先需要解析黄土高原的地貌特征。本章立足于分形视角，从"形+数"的角度对其分形特征予以测量和总结。

3.1 地貌概况

黄土高原是世界上最厚、最大的黄土沉积区[1]，黄土厚度基本在0～250m之间，部分地区甚至超过300m[2][3]。在地理分布上，黄土高原南倚秦岭，北抵阴山，西至乌鞘岭，东抵太行山，包括今山西全省和陕甘两省的大部，兼有宁夏回族自治区和内蒙古自治区的一部分，甚至还涉及青海省东部和河南省西北部一隅之地[4]。如图3-1所示，黄土高原南北宽约800km，东西长约1300km，总面积约63.5万km² [5]。

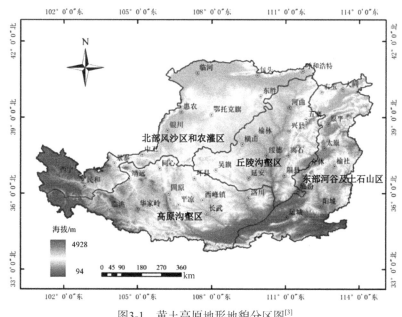

图3-1　黄土高原地形地貌分区图[3]

陕北黄土高原指关中平原以北，鄂尔多斯高原以南，子午岭以东，黄河以西的陕西省北部区域，位于北纬34°10′~39°35′，东经107°30′~111°15′，是我国黄土高原的典型区域。高原海拔约600~1900m，地势西北高，东南低，总面积约为89327km²，约占陕西全省面积的43.2%，占整个黄土高原总面积的18.4%。[6][7]

陕北黄土高原地势起伏，整体上从西北至东南地势逐渐降低；地表以塬、梁（因习惯原因以下均用"梁"，而非"墚"；而"塬"，也按照此种方法处理。但如为引用原文概念，则均不作统一处理。——编者）、峁、沟为主体形态，因而呈现出深沟下切、河谷纵横的破碎化地貌特征。参考水文地理相关文献及陕北黄土高原地质基础、地表物质组成等，对陕北黄土高原进行以下地貌类型的划分：从北向南依次为风沙—黄土过渡区、黄土峁状丘陵沟壑区、黄土梁峁状丘陵沟壑区、黄土梁状丘陵沟壑区、黄土塬区、黄土残塬区（图3-2）。

图3-2　陕北黄土高原地貌类型
来源：《耦合于分形地貌的陕北能源富集区城镇空间形态适宜模式研究》课题组

3.2 地貌的分形形态特征

从直观形态来看，黄土高原地貌呈现出由"川+塬+川"的反复重复而形成的具有明显自相似性的整体地貌结构[8]。因此在早期引入分形理论与研究视角后，学界对于陕北黄土高原的地貌研究开始从传统的地理角度逐渐转向地理与分形结合的角度。自此，分形技术在地貌学的研究中得到普遍应用。汤国安、蔡凌雁、于汉学、纪翠玲等多位学者开展了针对黄土高原地貌分形特征的研究，内容上包括整体研究和典型地貌区研究，方法上以分维测算为主。

结合城乡规划的学科特点，也为了更直观地揭示地貌分形特征，本章在对地貌展开分维测算之前，首先从图形角度对陕北地貌进行特征分析与总结。

3.2.1 图式分析法

分形研究中的图式分析法主要在于相似图形的抽象提取与尺度层级比较。基于

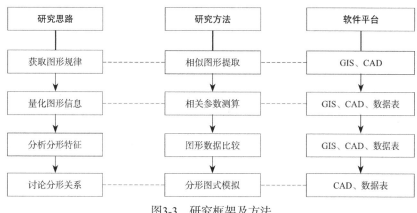

研究思路	研究方法	软件平台
获取图形规律	相似图形提取	GIS、CAD
量化图形信息	相关参数测算	GIS、CAD、数据表
分析分形特征	图形数据比较	GIS、CAD、数据表
讨论分形关系	分形图式模拟	CAD、数据表

图3-3　研究框架及方法

这一方法认知，借助GIS平台对陕北河流水系及人居分布进行图形提取，通过CAD制图对真实的河流及人居图形进行抽象提炼，以抽象图形作为比较分析及参数测量的基本参照（图3-3）。值得说明的是，由于自然界（及建筑界）的分形体是统计意义而非严格自相似，因此对于自然河流及人居的图形抽象是自相似分析的必要环节。这一抽象过程中难免出现人为误差，但在统一抽象原则（即保证水系长度、分支角度、数量及间距等参数基本一致）的前提下，这种共存误差对于抽象图形的横向比较不会产生本质影响。

3.2.2　形态提取与比较

基于以上思路，以河谷水系为地貌表征要素，对陕北黄土高原地区地形图进行河谷形态的提取与抽象，通过不同尺度层级形态之间的相似性比较，得出水系分形初步特征，然后对各级形态图式进行相关参数测算，借助数据表征地貌分形的形态特征。

首先，在提取范围方面，陕北地区的河流水系主要包括洛河、延河、无定河以及其他黄河支流，然而地区行政边界对部分自然流域形成切割（如无定河、洛河流域）。为了更全面地反映以陕北为主要覆盖区的河流分形特征，本章将适当突破行政边界，以流域完整性作为水系提取前提（图3-4）。

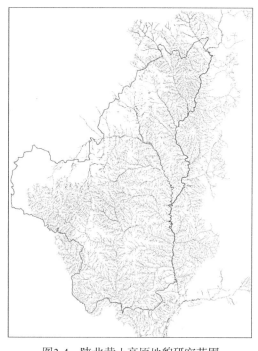

图3-4　陕北黄土高原地貌研究范围

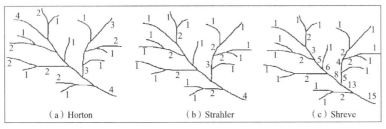

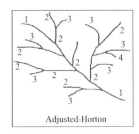

图3-5   河流等级划分规则[9]

图3-6   调整后规则

其次，在提取层级方面：多数河流分形研究中以河流等级划分不同尺度层级，划分原则主要参照Horton规则、Strahler规则或Shreve规则（图3-5）。其中，Horton规则是按河流实体为单元来分级的，而Strahler规则是以河段为单元来分级的；Shreve规则建立的是河段树，反映各个河段的支流数量差异[9]。Strahler和Shreve的划定规则对于分支较少的水系（如枝状河流）尚且适用，如遇末端分支较多且长度相当的水系则可能出现几十个等级，对于图形分形研究而言稍显繁杂。Strahler和Shreve规则以河段为单元分级，无法将河流作为完整的自然实体，不尽符合标度不变原则[10]。

综上，本章借鉴Horton分级原理，结合分形所强调的"观察尺度"，对Horton规则进行以下调整（图3-6）：将等级命名顺序颠倒（基于本次研究从宏观向微观推进的考虑），将附着在同一级但长度明显低于其他分支的河流排除（基于同一观察尺度下显示图形在长度上应基本相当的考虑）。为便于标记及整理，将黄河主干设为一级，其他支干按照上述规则依次类推。

确定提取范围和等级后，首先通过提取真实水系形态进行相似性比较，具体从同流域同等级、同流域不同等级、不同流域同等级、不同流域不同等级四个方面展开（图3-7），同流域内以及不同流域间的各等级河流形态均具有明显相似性。其次，为方便下一步的参数测算工作，分别对一二级、二三级、三四级水系进行图形抽象，其中一二级水系形态是在图3-4范围内选取次级分支数相当的水系，目的是保证后续提取足够样本数量的二三级和三四级水系。值得说明的是，为保证样本数量，二级水系中存在特殊长度图形，这一情况在后续的参数处理中将以高频率数据统计的方式予以剔除或平均。

从图3-7可以看出：同等级、跨等级的抽象图式之间均有比较明显的相似性。通过观察初步判断其相似特征为：以上一级河流主干为中轴，两侧分支成锐角展开。根据这一判断，选取分支角度、长度、间距三个参数对各级抽象图式的样本进行测算，通过数据统计与计算，得出表征分形特征的分支角度和长度间距比（表3.1）。

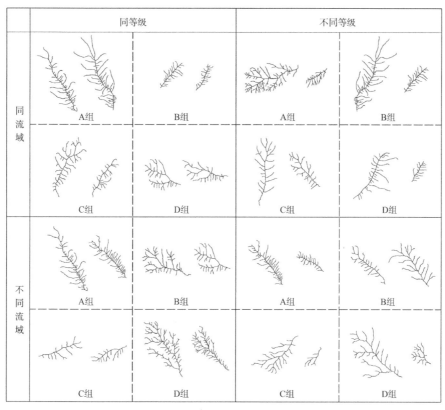

图3-7　真实河流形态相似性比较

各级水系抽象图形分形特征参数表　　　　　　表3.1

图形等级	参数样本量/组	表征参数		备注
		分支角度	长度间距比	
一二级	84	68°	2.4	结合测量结果及图形观察，表征参数最终选取占比65%以上的原始数据进行计算
二三级	74	55°	1.3	
三四级	58	62°	1.4	

　　从各级分形表征参数可以看出，以河流水系为表征的陕北地貌存在普遍分形特征：分支角度约在[55°~70°]区间，长度间距比约在[1.5~2.4]区间。

　　然而结合实际水系形态可以发现，在上述普遍特征之下，不同地区、不同等级的流域水系形态特征又有差别（图3-8）。类似本章得出的分形特征参数区间，姜永清、邵明安（2002）等人测算黄土高原流域水系的Horton级比数和分形维数所得结果也是相对稳定的数值范围而非精确值。李军锋在对陕北黄土高原地貌分形特征研究中提出，陕北地区的沟谷地貌具有复杂多样的特点，不同流域甚至同一流域内不同地区的沟谷地貌特征不尽相同[11]。就分形研究而言，单一的分形体似乎无法全

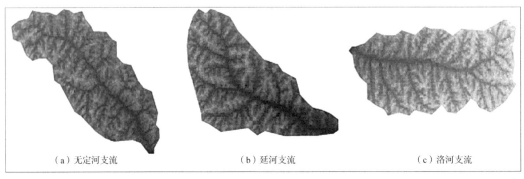

（a）无定河支流　　　　　　　（b）延河支流　　　　　　　（c）洛河支流

图3-8　自然水系形态的微差

常态分形水系　　　　　　　　　　　　非常态分形水系

图3-9　不同类型的分形水系

面、准确地刻画陕北河谷地貌的分形特征。

综合上述结论及已有关于水系多重分形的研究可以得出：陕北黄土高原流域水系因水文地质、气候环境、人工改造等非常态外力影响而发生局部变异，因此其形态并不会像Koch曲线、谢尔宾斯基三角形等人工绘制的理论模型那样严格分形，而是非严格的统计分形，且具有多重分形特征。

为了简化研究以提出概括性结论，本章将陕北河流水系的多重分形总结为两类：常态分形和非常态分形。常态分形针对在正常发育过程中未受明显外力干扰的河流水系而言，此类河流的两侧分支在数量和长度上相对均衡，河流主干走向相对稳定；非常态分形针对因外力影响下而发生形态变异的河流水系而言，此类河流通常出现主干走向明显弯曲、两侧分支不均、单侧内部分支长度不均等特征（图3-9）。

3.2.3　分形特征及图式

基于以上认知，通过观察比较，分别在洛河、延河、无定河流域选取符合上述常态分形特征的水系样区（基本为四五级微小流域图形）进行参数测算，作为对总体水系分形特征的数据补充，也作为常态分形的表征参数（表3.2）。

常态分形河谷抽象图形分形特征参数表　　　表3.2

图形等级	参数样本量/组	表征参数		备注
		分支角度	长度间距比	
四五级	72	70°	1.8	常态分形水系图形各项指标相当，因此计算以原始数据为准

表3.2中各项参数结果均在上述分形特征参数区间内，再次验证了水系分形的普遍特征。同时，表3.2参数结果为常态分形提供了数据表征：分支角度约70°，分支长度间距比约为1.8。

根据以上相似图式特征描述及分形表征参数，陕北河流水系的分形基本特征如下：以上一级河流主干为轴，两侧对称羽状分支，分支角度约为55°~70°，每侧相邻分支的长度间距比约为1.5~2.4。结合前期图式相似性比较及不同流域、等级的数据统计，可以初步概括出以下三种典型分形形态特征：对称羽状分形、非对称羽状分形、对称叶状分形。具体特征参数及模拟图式见表3.3。

几种典型的分形水系特征及图式模拟　　　表3.3

形状描述		对称羽状	非对称羽状	对称叶状
图形参数	分支角度	70°	68°	55°
	分支长度间距比	1.8	2.4	1.3
分形基本图式				
对应原型图像				

3.3 地貌的分形指标特征

3.3.1 测算方法

采用网格测算法，对沟谷线表征下的陕北地貌进行分维值测算。网格法的测算原理在很多文献中有详细阐释，在此简化说明。如图3-10所示：（1）选择合适尺寸的矩形网格，将测算对象刚好覆盖，暂称该网格为"边框"；（2）以"边框"的左上角为坐标原点，画正方形网格，该网格的边长尺寸取第一步中"边框"的长边，此时，图中有一个正方形网格覆盖测算对象；（3）将第二步中正方形网格的边长缩小为原来的二分之一，同样"边框"的左上角为坐标原点，将缩小后的网格进行矩阵排列，直至刚好覆盖测算对象；（4）将第三步中正方形网格的边长缩小至二分之一，再次矩阵排列至覆盖测算对象，以此类推，至少形成9组不同尺度的网格图；（5）借助GIS软件分别提取出每一个尺度下的网格图中包含测算对象的"非空网格"数量，将网格大小与非空网格数分列于数据表中，对两列数据分别取对数并将对数进行线性拟合，得到公式$Y=aX+b$，其中a即为该测算对象的分维值D。

网格维数的D值通常介于$0\sim2$之间，在聚落形态和聚落结构中分别代表不同含义，在后面章节的应用中将具体阐述。简言之，表征形态的网格维数隐含的信息是聚落空间形态组织模式，$D=0$表明聚落是孤点状；D在$0\sim1$之间表明聚落是不连续的，如同建筑群组一样的形态；D在$1\sim2$之间则表明聚落形态中有大量的连续簇群，同时也有孤点，如同城市用地中存在绿地、水系、空地等孔隙的状态；$D=2$时的聚落形态为无孔隙的平面，该形态不具有分形属性。表征结构的网格维数则主要说明聚落间的空间关联度和作为体系的结构均衡度。

具体测算过程包括：（1）首先对陕北整体地貌形态进行分维测算；（2）按照流域区划，提取无定河流域、延河流域、洛河流域三大主要流域的地貌形态，分别进

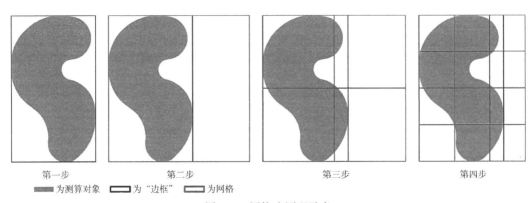

第一步　　　　第二步　　　　第三步　　　　第四步

▅为测算对象　▢为"边框"　▢为网格

图3-10　网格法原理示意

行分维测算。为了有利于进行整体地貌与局部地貌分维的横向比较，在图形处理与网格测算过程中，保证各流域分区内的沟谷线、各地貌类型分区内的沟谷线在比例尺度上一致，保证用于测算各分区地貌分维值的网格在单位尺度上一致。

3.3.2 测算结果

如图3-11～图3-14所示，计算得出陕北黄土高原整体地貌以及三大流域局部地貌的分形指标如下：

首先，从测算结果的拟合优度（即R^2值）来看，四个计算结果中的拟合优度均大于0.96，表明无论是整体地貌还是局部流域地貌，均符合统计学意义上的分形结构。此外，陕北整体地貌和延河、洛河流域的局部地貌分形拟合优度均大于0.996，表明其分形特征已经达到自然界严格分形体的标准。据此可以推测，受河流冲刷所形成的黄土高原地貌形态，其背后所隐含的河流动力学应该也符合分形特征。这一假设有待通过水文学的交叉研究予以验证。

其次，从测算结果的分维值来看，以河谷水系为表征的陕北整体地貌分维值约为1.75，略大于成熟发育地貌的理论分维值（1.6），基本可以认为陕北地貌已处于发育壮年期向发育晚期转变的阶段。

进一步分析三大流域的局部地貌分形指标特征，在数值上三大流域地貌的分维值基本小于且接近于整体地貌分维，符合"整体大于局部"的分形包容原理；在三者的横向比较中，分维值由大到小依次为洛河流域（1.79）、延河流域（1.67）、无定河流域（1.56）（直接取小数点后两位）。

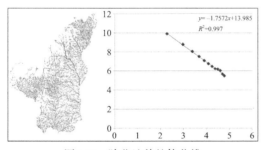

图3-11　陕北地貌整体分维

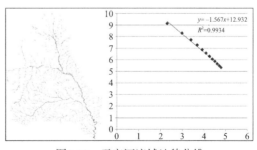

图3-12　无定河流域地貌分维

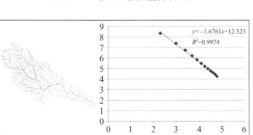

图3-13　延河流域地貌分维

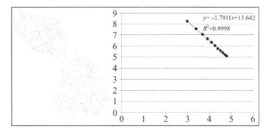

图3-14　洛河流域地貌分维

　　最后，结合三大流域地貌形态来看，洛河整体呈纺锤形，且两端区域中的局部沟谷线密集，形态偏向羽状；延河流域整体呈狭长枝状，两侧分支相对较为均匀和对称；无定河流域整体呈羽状，在次级分支中有明显的不均衡差异，且在西北部区域过渡至风沙区，沟谷线稀疏。可见，沟谷线分布弯曲有致且越密集的流域地貌，其分维值越高，对应的地貌形态越复杂。综合流域分区下的地貌分维可得陕北地貌的分维值大约处于[1.5～1.8]的区间。

3.3.3　特征总结

　　将上述依据地貌类型分区计算所得的地貌分维值进行统计，从表3.4中的数据可以得出：（1）同一类型地貌区的典型地貌片段分维值不尽相同但基本相近，可以归入各自的分维区间；（2）不同类型地貌区之间的分维值具有较大的差异，且整体趋势从北向南逐渐递增，表现在地貌类型上的分维排序为：风沙黄土过渡区＜黄土梁峁区＜黄土峁区＜黄土塬区＜黄土长梁区＜黄土残塬区；（3）上述结果源于不同类型地貌的表面粗糙程度。风沙黄土过渡区地形起伏较小，坡度较缓，从表面形态上看趋近于二维平面，因而其地貌表征要素（沟谷线、等高线）相对简单稀疏，分维值自然最低；黄土梁峁区与黄土长梁区的地貌常常兼有峁与梁两种形态，沟壑发育多样，地表形态复杂且各有差异，因而其地貌分维整体较高；黄土残塬区相较黄土塬区，兼有梁与塬，塬边与梁沟同时下切侵蚀，地貌破碎度更大，分维值更高。

陕北各类型地貌分维统计表　　　　　　　　　　表3.4

地貌类型	地貌分维	分维区间
风沙黄土过渡区	1.0019	1.0～1.2
	1.0241	
	1.0571	
	1.0803	
	1.1847	
黄土梁峁区	1.3553	1.3～1.7
	1.6153	
	1.6435	
	1.6694	
	1.6977	

地貌类型	地貌分维	分维区间
黄土峁区	1.4301	1.4 ~ 1.6
	1.4458	
	1.4510	
	1.4694	
	1.5634	
	1.5831	
	1.6184	
	1.6475	
黄土塬区	1.6160	1.6 ~ 1.7
	1.6335	
	1.6519	
黄土长梁区	1.6341	1.6 ~ 1.7
黄土残塬区	1.7787	1.7 ~ 1.8

3.4 综合形态与指标的地貌分形特征总结

综合陕北整体地貌的分形形态研究和分形指标特征，最终可以得出以下结论：按照地貌分类来看，陕北包含的多种地貌类型在形态上具有共同相似性，在分维上具有区间差异；按照流域分区来看，陕北主要流域地貌在形态和分维数据上都具有较高的相近度。

分析其原因可能在于：（1）同一流域内包括多种地貌，该流域的整体分维是对多种地貌的综合测算；（2）对于较小单位内的同一流域而言，地貌受该流域的主要河流冲刷，且其他自然外力（包括降雨、风力等环境因素）对地貌发育的影响基本相当，地貌形成及发育的过程相似，因此流域内地貌差异较小。总体而言，陕北地貌在形态上具有常态分形与非常态分形的多重分形特征，从分形维数区间来判断，则该地区的地貌基本处于较成熟的发育阶段。

参考文献

[1]   Fu B, Wang S, Liu Y, et al. Hydrogeomorphic ecosystem responses to natural and anthropogenic changes in the loess plateau of China[J]. Annual review of earth & planetary sciences, 2016, 45(1): 223-243.

[2]   Fu B. Soil erosion and its control in the loess plateau of China[J]. Soil use & management, 2010, 5(2): 76-82.

[3]   王雨巍. 黄土高原植被覆盖演变与水文气象指标时空特征的相关性研究[D]. 长安大学，2023.

[4]   史念海. 黄土高原历史地理研究[M]. 郑州：黄河水利出版社，2001.

[5]   Wang L, Shao M, Wang Q, et al. Historical changes in the environment of the Chinese loess plateau[J]. Environmental science & policy, 2006, 9(7/8): 675-684.

[6]   周庆华. 黄土高原·河谷中的聚落[M]. 北京：中国建筑工业出版社，2009.

[7]   孙逊，等. 黄土高原志[M]. 西安：陕西人民出版社，1995.

[8]   于汉学，周若祁，刘临安，等. 黄土高原沟壑区生态城镇整合方法[J]. 西安建筑科技大学学报（自然科学版），2006（1）：30-35.

[9]   张青年. 顾及密度差异的河系简化[J]. 测绘学报，2006（2）：191-196.

[10]   陈彦光，李宝林. 吉林省水系构成的分形研究[J]. 地球科学进展，2003（2）：178-184.

[11]   李军峰. 基于GIS的陕北黄土高原地貌分形特征研究[D]. 西北大学，2006.

生长历程：耦合于分形地貌的乡村聚落特征

本章选取典型流域聚落体系为研究案例，分别从分形形态的比较分析和分形维数的指标测算两个方面切入，揭示流域中聚落选址与地貌等级、聚落类型与地貌形态、聚落结构与地貌单元的耦合特征，并从影响因素、作用机理等方面探究典型特征的成因，为揭示聚落生长智慧、优化聚落体系布局等后续研究提供依据。

4.1 聚落概况

4.1.1 研究对象及理由

本章选取的研究对象为陕北马湖峪河流域内的地貌与聚落。马湖峪河流域地处黄土高原腹地，发源于陕西省横山区石窑沟乡的脑畔山，由西向东流经神木市的武镇、米脂县郭兴庄镇、付家坪乡，至米脂县龙镇的张家湾村与李家圪村之间汇入无定河。该流域是黄河的二级支流，干流全长41.8km，流域面积372km²，流域形态整体呈羽毛状[1]（图4-1）。在行政范围上，马湖峪河流域横跨米脂县、横山区、子洲县三个城市的6个乡镇，包括米脂县的龙镇、郭兴庄镇，横山区的武镇、党岔镇、石窑沟乡，以及子洲县的李孝河乡，流域面积覆盖以上乡镇的42%左右（图4-2）。流域内总计57个行政村168个自然村，聚落总面积约为290hm²，占流域总面积的0.8%。

图4-1　马湖峪河流域范围

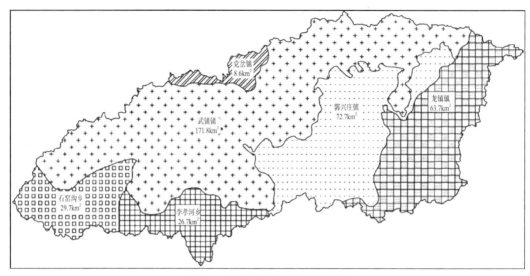

图4-2   马湖峪河流域行政区划

选取该流域聚落的理由包括如下三点：

首先，分形概念创始人曼德布罗曾明确提出，判断事物是否分形的第一步是观察（seeing）；罗恩·埃格拉什教授在其著作《非洲分形》中强调，图形自相似是判定事物分形与否的重要属性，其次可以借助分形维数对图形进行验证和描述。由此可见，图形观察是验证和描述分形体的关键所在。从肉眼直观可见，马湖峪河流域的地貌特征在图形上即呈现出明显、直观的分形特征，在分形引入城乡规划研究尚未成熟的阶段，有利于将其作为简单的、初步的探索示例，总结并模拟其地貌分形特征，进而展开与聚落分布的关联性研究。

其次，曹象明、周若祁教授通过比较黄土丘陵沟壑区、黄土高塬沟壑区的小流域地貌单元与村镇聚落的关系得出，黄土丘陵沟壑区的村镇聚落单元与流域单元在范围上基本一致，而黄土高塬沟壑区的村镇聚落单元与流域单元不一致，呈现"两沟夹一塬"的完整聚落单元[2]。为了保证流域单元与聚落单元在范围上的基本一致，这里选择位于黄土丘陵沟壑区的马湖峪河流域，旨在以流域地貌为完整聚落单元，研究流域内聚落分布与分形地貌的关联特征。

最后，于汉学博士通过比较城镇职能结构与黄土塬单元关系时发现，行政联系网络等级越低（这里定义"地级市—县城""县城—中心镇""中心镇—一般集镇"在行政联系网络等级上依次降低），其所包含的城镇体系分布与黄土塬单元的耦合度越高[3]。这一结果表明越到行政体系的末端，聚落空间分布越趋向自组织性，与自然地貌的耦合特征也越明显。类似地，无论是伯纳德·鲁道夫斯基的《没有建筑师的建筑》，还是阿摩斯·拉普卜特教授的《宅形与文化》，抑或是罗恩·埃格拉什的《非洲分形》，其中来自亚洲、非洲、拉丁美洲等全球各地的大量实例表明，行政控制力较弱、工业化技术发展较慢、科技物质文明较低、传统农业手工业及风俗文化保留较多的地区，其聚落与建筑在空间利用及美学技艺方面，往往与自然环境、传统文化的契合及传承度较高。因此，选择马湖峪河流域作为研究对象的原因之三，是希望在仅包含村、镇这一末端行政体系的流域单元中，挖掘出与自然地貌特质更为密切的关联特征，总结其中的人居智慧。

4.1.2　社会经济概况

根据陕西省地情网关于各市县的年鉴统计数据，龙镇面积为136km^2，下辖58个行政村，总人口2.47万人；郭兴庄镇面积为79.4km^2，下辖39个行政村，总人口1.1万；武镇面积为249.9km^2，下辖45个行政村，233个自然村，总人口2.38万；党岔镇面积为180km^2，下辖29个行政村，144个自然村，总人口2.62万；石窑沟乡面积为199.8km^2，下辖21个行政村，166个自然村，总人口1.7万；李孝河乡面积为85km^2，下辖19个行政村，59个自然村，总人口0.9万（表4.1）。

马湖峪河流域内各乡镇概况　　　　表4.1

辖属	乡镇名称	面积/km^2	行政村/个	自然村/个	总人口（2013年）/万	人口密度/（人/km^2）
米脂	龙镇	136	58	—	2.47	182
	郭兴庄镇	79.4	39	—	1.1	139
横山	武镇	249.9	45	233	2.38	95
	党岔镇	180	29	144	2.62	146
	石窑沟乡	199.8	21	166	1.7	85
子洲	李孝河乡	85	19	59	0.9	106

根据上述各乡镇的人口密度，结合马湖峪河流域内所含各乡镇的面积比例，对流域内的人口进行初步估算，流域内总人口约为4.4万（表4.2）。综合各乡镇产业经济情况而言，龙镇和郭兴庄镇在2010年以后的人均纯收入达5000~8000元，属于该流域内经济发展水平较高的乡镇；李孝河乡由于地处深山大沟，交通条件与自然资源较差，产业经济发展相对落后。从对各乡镇的人口密度比较也可以推测，人口密度较大的龙镇和郭兴庄镇在自然地貌与资源环境上较优，居民具有集中的居住地和较稳定的产业与收入；而人口密度相对较小的石窑沟乡和李孝河乡，则可能由于自然条件与资源相对贫瘠导致初始定居人数不多或人口外迁。

马湖峪河流域内各乡镇人口估算表   表4.2

乡镇名称	流域内面积/km²	流域内人口/万人
龙镇	63.7	1.2
郭兴庄镇	72.7	1
武镇	171.8	1.6
党岔镇	8.6	0.1
石窑沟乡	29.7	0.2
李孝河乡	26.7	0.3

综合1∶3000谷歌影像图与全国矢量地图中的地理信息，绘制得到马湖峪河流域内的聚落分布平面图（图4-3）。

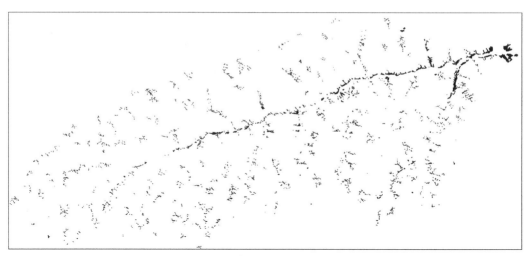

图4-3 马湖峪河流域聚落平面

4.1.3 聚落类型与分形特征

相较于城市而言，乡村聚落形态受到自然地理条件的影响程度往往更大，一定程度上，区域内的地质地貌以及土地资源条件对于其中的乡村聚落形态及分布会具有决定性作用。陕北黄土高原地貌主要为丘陵沟壑区，地形复杂多变，往往在小块地区内既有线性排列的沟谷聚落，又有稀疏离散状分布的丘陵点状聚落，因此呈随机分布状态[4]。宏观上看，同属于丘陵沟壑区的马湖峪河流域，其聚落形态集中连绵状和散点团块状并存，在看似随机分布的表面下含有一定规律特征，即集中连绵状的聚落主要分布于东西向主沟的中下游区段，散点团块状的聚落则主要分布于流域末梢、边界以及次等级支沟流域。

依直观形态角度，可以将马湖峪河流域内的聚落形态细分为以下八类：团块形、带形、团块分枝形、带状分枝形、散点团簇形、散点分枝形、散点一字形、团块&散点组合形（图4-4）。统计上述八类的聚落面积及占比发现（表4.3），占比最多的是散点团簇形和带形，初步推测是由于丘陵沟壑区的河谷川道限制造成，对于乡村聚落而言，这种布局形态是综合居住用地选择、耕地选择、农业生产及交通便利选择等多种因素而来，其与地貌的具体关联性将在下面展开叙述。

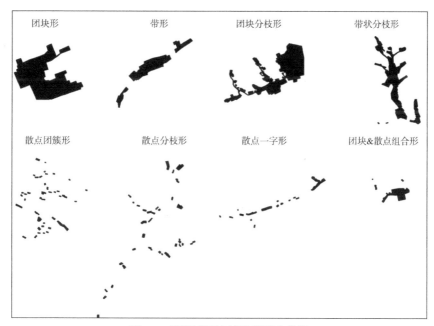

图4-4 马湖峪河流域聚落形态分类

各类型聚落面积统计及占比   表4.3

聚落形态分类	聚落面积/hm²	面积占比/%
散点团簇形	117.2	40.3
带形	58.6	20.2
团块形	39.2	13.5
带状分枝形	30.3	10.4
散点一字形	12.8	4.4
散点分枝形	11.9	4.1
团块分枝形	10.5	3.6
团块&散点组合形	10	3.5

从分维测算角度，可以对流域内整体聚落形态和各类型聚落形态分布进行测算和比较。采用网格法对整体聚落形态进行分维测算，结果表明（图4-5）：（1）由拟合度R^2=0.996得出，该流域内聚落整体具有分形属性，且符合理论意义上的分形标准（即当$R^2 \geqslant 0.996$时，测算对象属于严格意义上的分形体）；（2）根据伊莎贝拉·托马斯（Isabelle Thomas）、皮埃尔·弗

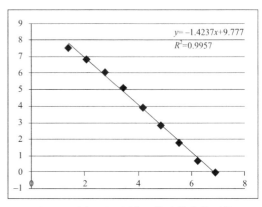

图4-5　马湖峪河流域整体聚落分维测算

兰克豪泽（Pierre Frankhauser）等人（2010）对聚落分维内涵的释义，分维值约为1.42的马湖峪河流域聚落在形态上处于各住宅要素连绵、形成大小不一的簇群（即该流域中的团块形、带形等聚落），同时又包含孤立要素（即该流域中的散点形聚落）的阶段。

由于流域内聚落总数达两百余个，无法对其一一进行测算，因此以上述聚落形态类型为依据，选取各类型聚落中的典型案例进行分维测算，通过比较分析来总结各类聚落形态的基本分形特征。

在团块形聚落中，选取张家湾村、沙畔村、李家圪村为例；在带形聚落中，选取丁家沟村、曹山村、寨山村为例；团块分枝形聚落则仅有马湖峪村一例；在带状分枝形聚落中，选取白石畔村、酒窖疙村、三合村为例；在散点团簇形聚落中，选取安寨村、丰富墕村、高家墕村为例；在散点分枝形聚落中，选取李兴庄村、桥则沟村、庄口墕村为例；在散点一字形聚落中，选取新窑湾村、杨石畔村、高家沟村为例；在团块&散点组合形聚落中，选取狼虎沟村、黄崖村、安新庄村为例。采用分维测算中的网格法对以上聚落进行测算和分维统计，结果如表4.4所示。

各类型代表性聚落分维统计　　　　　　　　　　　　表4.4

形态类型	代表聚落	分维值	R^2
团块形	张家湾村	1.66	0.997
	李家圪村	1.62	0.996
	沙畔村	1.60	0.995
团块分枝形	马湖峪村	1.56	0.997
团块&散点组合形	狼虎沟村	1.45	0.997
	黄崖村	1.42	0.995
	安新庄村	1.28	0.982

续表

形态类型	代表聚落	分维值	R^2
带形	丁家沟村	1.43	0.993
	曹山村	1.43	0.994
	寨山村	1.42	0.989
带状分枝形	三合村	1.46	0.996
	酒窨圸村	1.41	0.996
	白石畔村	1.39	0.996
散点团簇形	丰富圸村	1.22	0.997
	高家圸村	1.17	0.996
	安寨村	1.12	0.996
散点分枝形	庄口圸村	1.21	0.998
	桥则沟村	1.12	0.998
	李兴庄村	1.06	0.998
散点一字形	高家沟村	1.18	0.995
	杨石畔村	1.08	0.998
	新窑湾村	0.97	0.998

　　首先，从各类型聚落分形拟合度（R^2）来看，在22个抽样聚落中，有15个样本的分形拟合度在0.996以上，属于严格意义上的分形，另5个样本聚落的分形拟合度集中在0.993 ~ 0.995之间，也具有高度分形特征。其次，在同一类型聚落内的横向比较上，同类形态的聚落分维基本接近，其分维区间跨度不超过0.2，但从各类型聚落分维区间的纵向比较来看，分维数值跨度相对较大，且随着聚落形态从聚集向分散的趋势而逐渐变小（图4-6）。这一结果也恰恰验证了伊莎贝拉·托马斯、皮埃尔·弗兰克豪泽等人对聚落分维内涵的释义，即：D=2时，说明建造模式是均质分

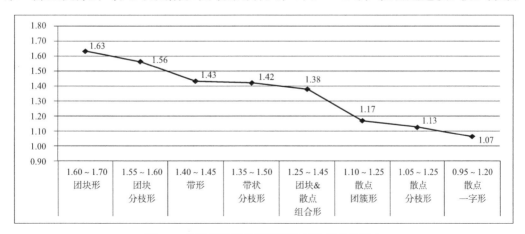

图4-6　各类型聚落分维区间及其均值变化拟合

布的；$D=0$时，说明模式是一个孤点，比如田野里的一处农舍；$D<1$时，说明模式是一种不连续的要素组合，如数个建筑组合中，每个建筑元素相互分离；$D>1$时，则模式为要素相连组成大大小小的簇群，但孤立的要素也会偶尔出现；D值趋近于2且越趋近于2，说明聚落要素间的联系越紧密，将逐渐成为一个更大的簇群[5]。

4.2 耦合于地貌等级的聚落选址特征

张宇星在《城市和城市群形态的空间分形特性》一文中提出"空间区位分形"的概念，并称这一思想的本质来源于分形生物学中的自仿射分形。生物体中具有分形特性的相对独立的部分称为生物分形元（BFU）。所谓相对独立的部分是指在结构和功能上有相对的内部完整性，并与周围的部分有着相对明确边界的局部。城市和城市群形态的空间区位分形，意味着区域中不同等级的某些系列区位点具有自相似性，可以看作分形元[6]。由此推测，将这一思想应用于乡村聚落的区位分析中，有可能得到近似的区位分形结果。

4.2.1 基于分形形态比较的耦合特征

受到黄土高原特殊地貌的影响与限制，陕北聚落的分布区位通常与所在地貌的等级关联紧密，尤其是人工改造土地相对较难的乡村聚落，对不同类型地貌的适应性表现则更为明显。观察卫星鸟瞰中的聚落分布，众多规模不大的聚落如同繁星，或点缀或镶嵌于沟、梁、塬、峁之间。

对马湖峪河流域聚落的分布区位分析，将以地貌作为参照，对流域内的聚落分布区位大体上进行以下分类：（1）河谷型聚落，即聚落的核心部分位于河谷谷地或邻近河谷的坡地上；（2）交叉口型聚落，即聚落的核心部分或几何重心位于河谷交叉口或邻近交叉处；（3）边界型聚落，即聚落的核心部分位于整体流域、支沟流域的流域边界凹地，或多条分支支沟之间的凹地和坡地（图4-7）。

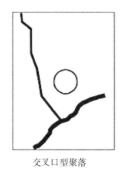
交叉口型聚落

河谷型聚落

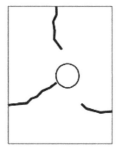
边界型聚落

图4-7　聚落分布区位类型示意图

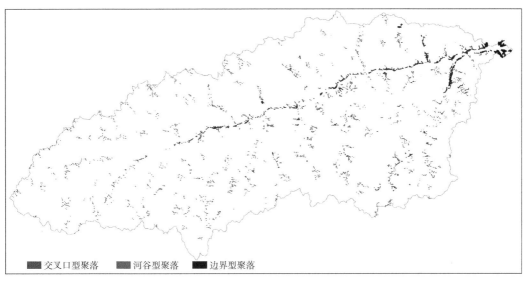

■交叉口型聚落　　■河谷型聚落　　■边界型聚落

图4-8　流域聚落选址区位及其分类

对以上各类型的聚落进行粗略统计得出，交叉口型聚落总计25个，占聚落总数的15%；河谷型聚落总计73个，占聚落总数的43%；边界型聚落总计70个，占聚落总数的42%（图4-8）。可见，从分布区位上，聚落主要分布于河谷以及流域边界处，且两类聚落的数量相当。

对上述交叉口型和河谷型聚落的区位作进一步分析，按照河谷等级，逐级提取两种类型中的聚落区位，发现位于不同等级交叉口、河谷区位的聚落，其规模大小也具有等级变化，且变化关系为正相关，即区位等级越高，聚落规模越大。这种存在于同一流域内的等级现象被张宇星称为"区位自相似链"，即按照升序或降序对同类型区位进行等级排序，则区位所对应的聚落规模也可以以同样顺序进行大小或等级的排序。如图4-9、图4-10所示，在交叉口区位类型中选取对应的刘渠村、康庄村、后谢家沟村，在河谷区位类型中选取对应的高崖窑村、谢家沟村、高家沟村、大井沟村，将以上村落所处区位的河谷等级以及聚落规模进行排序，得到两条区位自相似链。

整体看来，随着区位等级的逐级降低，对应村落的规模也逐级减小。为了避免以上选取案例的特殊性和偶然性，将上述两种类型各自按照河谷等级进行聚落规模统计，然后进行规模数据的平均（表4.5、表4.6）。

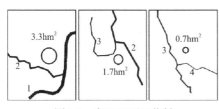

图4-9　交叉口型区位链

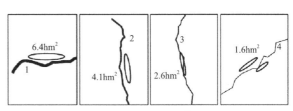

图4-10　河谷型区位链

交叉口型聚落规模统计表   表4.5

交叉口等级	1～2级	2～3级	3～4级	4～5级
聚落规模/hm²	1	0.6	0.1	0.2
	1.7	0.4	0.3	—
	2.6	1	0.2	—
	3.1	2.1	0.7	—
	3.3	2.2	0.6	—
	7.2	0.1	—	—
	—	0.5	—	—
	—	1.3	—	—
	—	0.4	—	—
	—	1.1	—	—
	—	0.9	—	—
	—	0.6	—	—
	—	1	—	—
平均规模/hm²	2.7	0.9	0.4	0.2

河谷型聚落规模统计表   表4.6

河谷等级	1级	2级	3级	4级
聚落规模/hm²	10.5	1.5	0.3	1.6
	5.8	0.8	0.5	0.8
	14.3	0.2	0.4	0.4
	13.1	0.3	0.7	—
	11.8	0.9	0.3	—
	4.8	6.7	1.2	—
	5.5	0.9	1.5	—
	3.7	1.1	0.7	—
	6.4	0.7	2.6	—
	9.3	1.5	0.2	—
	4.6	0.9	1.6	—
	9.2	1.6	1.1	—
	1.2	4.1	0.5	—
	2	18	0.5	—
	2.7	2	2	—
	3.4	1.5	0.1	—
	—	0.6	—	—
	—	0.3	—	—
平均规模/hm²	6.6	1.6	0.8	0.8

为了避免特殊聚落（如规模骤增或骤减）对数据的影响，在处理平均规模数据时，将各等级交叉口聚落规模中的最大值和最小值去掉，按照各等级区位处的平均聚落规模绘制得出具有普遍性的区位链（图4-11、图4-12）。在交叉口区位类型中，随着区位等级下降，聚落平均规模分别为2.7hm^2、0.9hm^2、0.4hm^2、0.2hm^2，约呈1/3、1/2的逐级递减关系；在河谷区位类型中，随着区位等级下降，聚落平均规模分别为6.6hm^2、1.6hm^2、0.8hm^2、0.8hm^2，约呈1/4、1/2、1的逐级递减关系。可见，马湖峪河流域的聚落分布区位存在内部自相似性，这种自相似性证明了聚落具有空间区位分形属性，并与地貌中的河谷等级呈正相关关系。这种正相关的关系反映了以河谷作为表征要素的资源区位，对于聚落的发展（包括聚落规模、等级等）具有同向度的影响作用：当资源区位升级时，聚落可能随之扩大，当资源区位衰落甚至收缩消亡时，聚落可能随之收缩甚至迁并。

结合前面对于聚落形态的类型划分，以上三种区位类型的聚落在形态上也随着区位的不同而具有不同的类型趋势（图4-13~图4-15）。位于河谷交叉口的聚落，其形态以散点团簇形居多，数量占该类型聚落总数的68%；位于河谷谷地的聚落，其形态以散点一字形和散点分枝形居多，数量占该类型聚落总数的53%；其次为带形和散点团簇形，数量占该类型聚落总数的29%；位于边界处的聚落，其形态以散点团簇形居多，

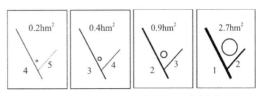

图4-11　交叉口型区位链（一般模式）

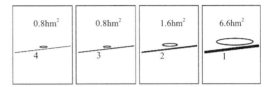

图4-12　河谷型区位链（一般模式）

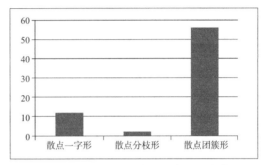

图4-13　交叉口型聚落的形态类型统计

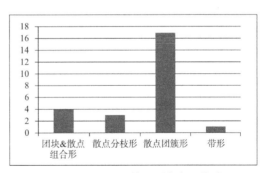

图4-14　河谷型聚落的形态类型统计

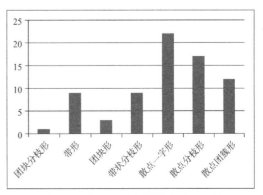

图4-15　边界型聚落的形态类型统计

数量占该类型聚落总数的80%。分析以上聚落区位类型与聚落形态类型的相互关系可见，位于河谷交叉口和流域边界的聚落，通常在用地上位于较分散的较小凹地或缓坡地，因此往往形成散点团簇形聚落；位于河谷谷地的聚落，大多数在主沟和二级支沟的河谷地带，这类河谷较次级支沟而言，具有较为宽阔平坦的谷地或缓坡地，能为聚落提供较充足的居住用地和耕地，加之两侧沟壑地貌的限制，导致这一类型的聚落往往顺应河谷的走势形成一字形、分枝形、带形等与河谷分枝相似的形态。

4.2.2 基于分形指标测算的耦合特征

基于以上对聚落区位类型、形态类型与地貌等级的图形分析，再从分维数据角度出发，对三种区位类型的聚落分别进行分维测算，比较三种类型之间以及三种类型与流域地貌之间的分形关联性特征。通过网格法的分维测算，三种区位类型的聚落分维统计见表4.7。

河谷型聚落规模统计表   表4.7

区位类型	聚落分维（FD）	拟合度/R^2
交叉口型	1.02	0.991
河谷型	1.24	0.996
流域边界型	1.36	0.996

从拟合度来看，河谷型和流域边界型的聚落拟合度均为0.996，达到了理论上的严格分形标准，交叉口型的聚落拟合度略小（0.991），可以归为统计学意义上的类分形。从分维数值上看，三种区位类型的聚落分维顺序为流域边界型＞河谷型＞交叉口型，表明在区位分布中，流域边界型聚落的分布范围和分布数量比较匹配，即聚落的空间填充度较高，这是由于该类型聚落不仅选择整体大流域的边界地区，同时也选择支沟流域边界用地以及次级分支之间的用地。而河谷型聚落的分维次之，是由于该类聚落主要沿马湖峪河流域的一级主沟和部分二级次沟分布，在二级以下的次级支沟分布较少，导致其所占据的空间范围较大（横向范围几乎包含一级主沟，纵向范围也与二级支沟长度相当），而聚落填充的用地较少（即填充密度小）。这也是二级以下支沟的河谷用地狭窄而不可用造成的现状，因此对于河谷型聚落而言，其分布基本终止于土地资源稀少的支毛沟。

最后，交叉口型聚落的分维最低，且接近于1，表明在分布模式上，聚落基本呈孤点式分布，很少在相邻或相近的河谷交叉口分布。这种分布结果实际上也符合资源竞争的原理，由于小面积流域内的河谷交叉口通常共享该流域内的主要河谷和二级河谷的资源，存在较大的竞争影响，因此一处河谷交叉口的聚落发展往往会影响到邻近交叉口的资源；为了避免这种影响，其他聚落的区位选择则会远离该交叉口。

沿用前面对"聚落—地貌"分形相关度的测算方法，将上述三种区位类型的聚落分维与地貌分维进行相关数据的处理见表4.8。

不同区位类型的"聚落—地貌"分维关联度测算数据　　　　表4.8

区位类型	聚落—地貌分维组	变量排序值	排行差分集合	差值平方
	$[FD_J,\ FD_D]$	$[X,\ Y]$	D	D^2
交叉口型	[1.02，1.70]	[3，2]	1	1
河谷型	[1.24，1.70]	[2，2]	0	0
流域边界型	[1.36，1.70]	[1，2]	−1	1

再次将表中数据套用于斯皮尔曼等级相关系数的计算公式，得出不同区位的聚落分维与地貌的相关度高达0.92，说明虽然区位类型不同，但各种区位类型内的"聚落—地貌"分形关联特征是相类似的，即三类聚落在各自的区位选择中，都遵循着类似的规律（如聚落规模随区位等级升高而增大），佐证了上一节在形态角度下分析得出的区位自相似链结论。这种或自然或人为的选择，既是合理回避或平衡对资源的竞争，也是为了避免在竞争过程造成对资源生态位的浪费[7]。

4.2.3　小结

通过对马湖峪河流域的聚落分布区位进行图形角度和分维测算角度的分析，初步得出：（1）马湖峪河流域的聚落分布区位具有分形属性，且与分形地貌中的河谷等级呈正相关关系；（2）不同分布区位的聚落具有不同的形态偏向，交叉口型和流域边界型的聚落多呈散点团簇形，河谷型聚落则以散点一字形、散点分枝形、带形等狭长形态为主，表明聚落在形态与区位地貌上也具有一定关联度；（3）由粗略的数据计算得出，以分布区位为划分单元的聚落和分形地貌具有0.92的相关度，表明各类区位内的聚落分布基本上都遵循顺应地貌的原则，且在横向比较上，不同区位类型中"聚落规模—区位等级"的对应关系基本一致。

4.3 耦合于地貌形态的聚落类型特征

关于聚落平面形态与分形地貌形态的关联性研究，从三个方面和两个角度结合展开。其中三个方面分别是：①流域内整体聚落的平面形态与分形地貌形态的关联性特征分析；②以八种聚落平面形态类型为单位，对各类型中的典型聚落形态与其对应的分形地貌形态进行关联性特征分析；③以支沟流域为单位，对支沟流域内的聚落形态与流域地貌形态进行关联性特征分析。两个角度分别为：①图形分析角度，即对聚落平面形态与其所处地貌的表征要素（沟谷线）进行图形叠加比较，分析其内在关联特征；②分维比较角度，即通过测算聚落平面形态的分维，将其和所处地貌的分维进行关联与比较，同时将聚落分维与其对应的地貌分维作为关联组数据，对不同组别的"聚落—地貌"分维关系进行比较。

4.3.1 基于分形形态比较的耦合特征

（1）整体聚落形态与分形地貌的耦合特征

首先，从图形角度出发，将马湖峪河流域的聚落总体形态及分布与沟谷线进行叠加，聚落总体上也呈现出叶状分形的特征，而在流域中心东西向的主沟上，明显为聚落集中分布的区域，也与主沟的凹凸走向基本吻合，虽未连绵成线但已具有明确的线性特征（图4-16）。次级支沟流域中也有较多聚落与主要河谷形态吻合，这类聚落在此归为"沿河谷聚落"，在数量上占总聚落的61%。其余聚落则主要沿流域边界和支沟间的凹地分布，多呈散点团簇形。

结合道路体系来看，马湖峪河流域内硬化道路主要沿较高等级的河谷分布，此外

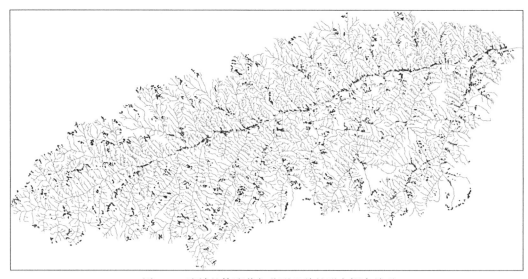

图4-16   流域整体聚落与分形地貌的形态耦合关系

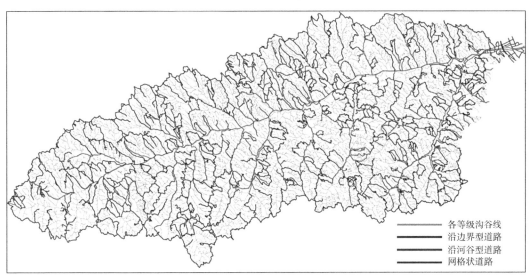

图4-17 马湖峪河流域道路分布形态

还有大量由居民踩踏而成的联系性道路，多沿流域边界分布，且道路形态与流域边界的凹凸形态十分接近。而在流域下游端头处，由于靠近米脂县城所在川道，道路形态具有明显的人工网格状特征。这里将该流域内道路按照分布形态归为沿边界型道路、沿河谷型道路、下游端头网格状道路三类，其总长度分别为845.8km、385.4km、15.7km（注：以上数据为粗略测量，但不影响三类道路间的横向比较）（图4-17）。

从道路分布图中可以看出，沿边界型道路占比最大，约为67.8%，多分布于总体流域上游区段；沿河谷型道路占比次之，约为30.9%，主要沿流域一级主沟和二、三级支沟分布。分别提取"流域边界—沿边界型道路图"与"沟谷线—沿河谷型道路图"，可以直观看到，两类道路分别与流域边界和沟谷线高度吻合（图4-18、

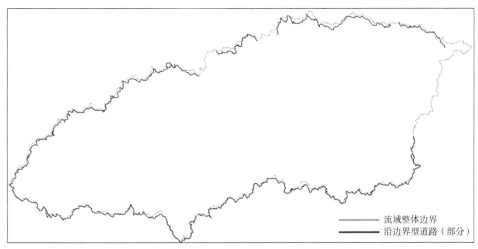

图4-18 流域边界—沿边界型道路图

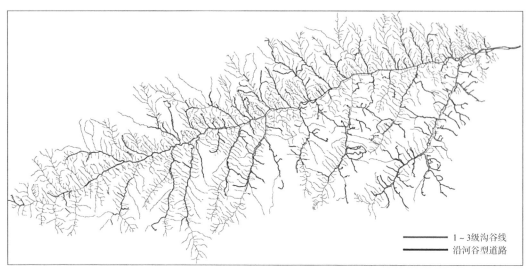

—— 1～3级沟谷线
—— 沿河谷型道路

图4-19　沟谷线—沿河谷型道路图

图4-19）。根据道路与聚落的交通关系，以道路为媒介，也可判断出马湖峪河流域的聚落分布与流域边界和河谷川道具有极高的关联度。

从分维数据的角度来看，流域内整体聚落平面形态的分维值为1.42，流域地貌的整体分维值为1.70，即流域整体地貌分形包容聚落平面形态分形，且聚落与地貌的分维在数值上相近，从而可以判断目前该流域内的人地关系较好，既没有聚落突破地貌造成用地膨胀的情况，也没有聚落骤减造成用地浪费的情况。考虑到流域多为村镇聚落，人为活动对自然地貌改造影响较小这一现实背景，则上述聚落与地貌的分维关联结果也理应成立。

（2）各类型聚落形态与分形地貌的耦合特征

在前面所述的八种形态类型的聚落中选取典型案例，分别提取聚落、沟谷线两类图形，通过叠加比较，分析总结不同类型聚落与分形地貌的关联性特征。

从对图形的直观观察来看，马湖峪河流域内聚落与沟谷线的关系总体上可以分为三种：顺应沟谷线走向、垂直沟谷线走向、聚集于沟谷线之间。对各个类型聚落与对应沟谷线的叠加图进行图式化抽象，则发现在上述三种关系之下，各个类型中具有1～2种不同的关联特征（图4-20）。

从图式中的聚落与沟谷线关系来看，各类型聚落与地貌的关联性特征如下：

（1）流域内团块形聚落主要为张家湾村、沙畔村、李家圪村，这三个聚落位于流域下游端口处的宽敞平地中，地貌起伏较小，因而有条件形成团块状形态，且分列于主沟沟谷线的南北两侧。

（2）团块分枝形聚落为马湖峪村，也在流域下游近端口处，因此也有一定条件形成较大面积的团块形态，然而在聚落扩展过程中受到河谷地貌影响，聚落形态转

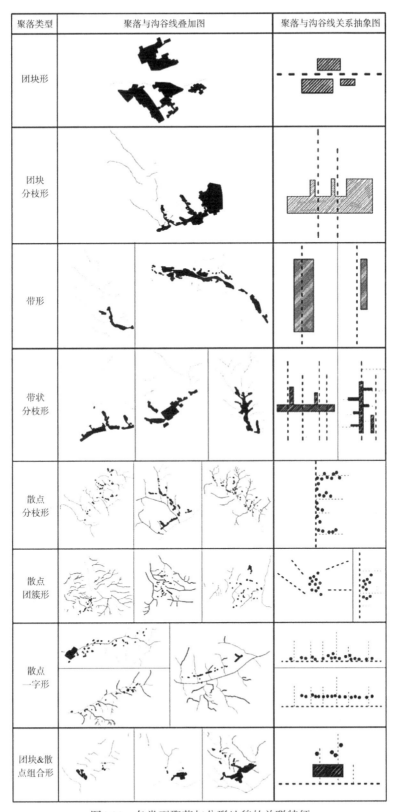

图4-20　各类型聚落与分形地貌的关联特征

而利用河谷坡地，呈现出顺应沟谷线一侧的分枝形态。

（3）带形聚落与地貌的关系则有两种：重叠于沟谷线和并列于沟谷线，这种形态关系反映的也是聚落对河谷和坡地的两种选择。

（4）带状分枝形聚落在形态上以带状为主导，分枝次之，在其与地貌的两种关系中，共同点在于聚落分枝部分都与沟谷线呈并列关系，区别在于主导的带状部分或重叠于沟谷线，或垂直于沟谷线。细究后一种关系，垂直于多条沟谷线的带状分枝形聚落往往邻近更高等级的河谷，且主导的带状部分与更高等级的沟谷线呈并列顺应关系，由此推测，等级越高的河谷对于聚落形态的影响越大。

（5）散点分枝形聚落类似于带状分枝，往往由主导性的主枝和次级分枝构成，主枝贴近较高等级的河谷并顺应河谷一侧排列，次分枝则从主枝上分出，沿着同样从高等级河谷上分枝的次级河谷排列而成，因此，该类型聚落的内部形态等级与对应地貌的河谷等级保持一致。

（6）散点团簇形聚落与地貌的关系分为两类：一种是集聚在由多条同等级河谷围合而成的边界凹地，一种是集聚在一条主要河谷之下的次级分枝之间，其原则都是在具有足够平坦土地的地方集聚。生成两种不同关系类型的原因在于，前一种类型中，同等级的河谷数目较多，分枝密集，地貌破碎度很高，河谷分枝之间很难有较充足的平坦地用以聚居；后一种类型中，主河谷较前一类型中的河谷等级高，其次级分枝较前一类型略稀疏，因而分枝之间有可能存在较大的平坦用地。

（7）散点一字形聚落与地貌的关系也存在两类，主要区别在于一字形形态和其顺应的河谷之间的距离关系：一类是贴近核心河谷，一类是平行于核心河谷但保持一定的距离。前者主要出现在等级不高的河谷地貌中，聚落常常依附于一条主要河谷的一侧或两侧，散点式分布并形成一字形形态；后者主要出现在马湖峪河流域的一级主沟中，聚落平行且分离于一级主沟，形成垂直于次级分枝的一字形形态。

（8）团块&散点组合形聚落与地貌的关系基本一致，形态中处于主导地位的团块部分往往邻近并平行于一条主要河谷，在团块所在一侧的河谷分枝中，零星散布一些农宅，或与团块部分邻近，或与团块部分保持分离，主要取决于河谷分枝中的地貌起伏与破碎程度。

4.3.2 基于分形指标测算的耦合特征

通过对马湖峪河流域内43条支沟流域的聚落与地貌进行分维测算，将两者进行叠加比较，形成"聚落—地貌"分维的数据组（表4.9）。

马湖峪河支沟流域聚落与地貌分维统计　　　　表4.9

支沟编号	沟谷线分维		聚落分维	
	FD（分维）	R^2（拟合度）	FD（分维）	R^2（拟合度）
01	1.33	0.993	0.97	0.990
02	1.64	0.998	1.28	0.990
03	1.24	0.990	1.19	0.990
04	1.54	0.994	1.02	0.990
05	1.38	0.992	1.13	0.999
06	1.28	0.990	0.99	0.984
07	1.62	0.997	1.17	0.990
08	1.30	0.990	1.05	0.990
09	1.18	0.996	1.28	0.996
10	1.10	0.996	1.24	0.990
11	1.41	0.995	1.17	0.995
12	1.14	0.996	1.20	0.984
13	1.54	0.998	1.03	0.990
14	1.15	0.995	0.93	0.984
15	1.46	0.994	1.03	0.994
16	1.48	0.996	1.06	0.984
17	1.49	0.995	0.92	0.990
18	1.64	0.996	0.89	0.991
19	1.09	0.997	1.51	0.994
20	1.14	0.994	1.10	0.994
21	1.31	0.990	0.94	0.990
22	1.27	0.993	0.84	0.990
23	1.36	0.992	0.93	0.994
24	1.26	0.992	1.05	0.996
25	1.50	0.994	0.94	0.996
26	1.22	0.998	0.80	0.993

支沟编号	沟谷线分维		聚落分维	
	FD（分维）	R^2（拟合度）	FD（分维）	R^2（拟合度）
27	1.22	0.998	0.80	0.993
28	1.53	0.996	1.00	0.995
29	1.34	0.997	1.28	0.994
30	1.18	0.996	1.29	0.991
31	1.47	0.994	1.12	0.994
32	1.38	0.993	1.29	0.990
33	1.45	0.994	1.11	0.998
34	1.42	0.994	0.89	0.993
35	1.44	0.994	0.82	0.990
36	1.36	0.994	1.06	0.996
37	1.42	0.996	0.89	0.990
38	1.45	0.996	1.03	0.999
39	1.42	0.995	1.29	0.996
40	1.20	0.994	1.60	0.993
41	1.40	0.994	1.20	0.995
42	1.35	0.996	1.40	0.993
43	1.13	0.997	1.41	0.994

　　以地貌为参考，按照地貌分维递增的顺序，将其与对应支沟流域的聚落分维进行线性拟合（图4-21）。从拟合图中可以看出，各条支沟流域内的聚落与地貌在分维数值上呈现负相关特征，即随着地貌分维值的增高，对应支沟流域的聚落分维整体上呈减小趋势。分析可能形成这一结果的原因在于，丘陵沟壑区的聚落多利用河谷内较平坦土地，或流域边界与次级分支河谷之间的凹地，即沟谷线之间的空白区。而测算地貌分维的表征要素为提取的沟谷线图形，当沟谷线趋向于复杂和密集时，地貌分维值越高，此时聚落可以集聚的空白区越少越稀疏，形成不连续的要素分布模式，其分维自然越低，因而出现上述负相关的特征。

　　根据"聚落—地貌"分维数据组的组内差值范围，可以将以上支沟流域大致分

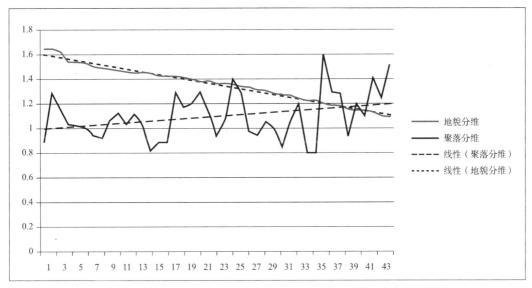

图4-21　马湖峪河支沟流域聚落与地貌分维线性拟合

为四类：（1）"聚落—地貌"分维差的绝对值≥0.5的支沟流域；（2）0.5＞"聚落—地貌"分维差的绝对值≥0.3的支沟流域；（3）0.3＞"聚落—地貌"分维差的绝对值≥0.1的支沟流域；（4）"聚落—地貌"分维差绝对值＜0.1的支沟流域。

　　结合上述分类，选取典型支沟类型中的"聚落—地貌"叠加图进行分析（表4.10）。首先，在分维差绝对值较大的类型中选取聚落分维大于地貌分维的19、40号支沟流域，从表中可以看出，这类支沟流域的地貌表征要素——沟谷线稀疏且较为简单，表明地貌受切割影响较小，趋于平面化，因此其分维值接近于1；而聚落平面呈连续带形和较集中的散点团簇形，加之其分维均在1.5以上，表明聚落逐渐向连绵团块状接近，类似于平原聚落。其次，在分维差绝对值较大的类型中选取聚落分维小于地貌分维的04、13号支沟流域，此类流域地貌的沟谷线密集复杂，分维值大于1.5，地貌破碎度高，可供聚落使用的平坦土地较少；聚落平面形态则趋于散点分布，分维值略大于1，即有少量团簇形态和大量偶然的孤点式农宅。此类支沟流域占比较多，说明地貌的破碎程度直接影响到聚落的分布形态，而现状的聚落选址大多以少量的平坦地为优先选址，对于坡地的利用较少，导致在破碎度高（即分维值高）的支沟流域内存在大量散点式聚落。最后，在分维差绝对值较小的类型中选取39号支沟流域，其地貌与聚落在分形程度上均处于中间值，即地貌呈现破碎化但程度不高，聚落包含较集中的形态和少量孤点农宅。结合地貌—聚落叠加图来看，聚落主要利用河谷和缓坡地带，在整体上顺应河谷形态的同时，也沿着次级分枝河谷延伸出聚落的分枝部分，因此该类型支沟中的聚落与地貌在形态和分维上的关联度较高。

典型支沟"聚落—地貌"叠加图　　　　　　　表4.10

支沟类型		支沟编号	聚落—地貌分维组	叠加图
|地貌—聚落分维差| ≥0.3	FD（聚落）>FD（地貌）	19	[1.09，1.51]	
		40	[1.20，1.60]	
	FD（地貌）>FD（聚落）	04	[1.54，1.02]	
		13	[1.54，1.03]	
|地貌—聚落分维差| <0.3		39	[1.42，1.29]	

　　以上分析侧重于图形分析和数据的趋势性比较。为了更简洁地衡量聚落与地貌的关联程度，此处引入斯皮尔曼等级相关系数（Spearman Rank）作为评价参考。

斯皮尔曼等级相关系数是统计学中用于评估两组成对变量关联程度的计算方法，其适用范围较广，对数据的分布形态和样本容量等要求较低，因而常常用于一般性的相关分析研究，如工人考核成绩与其工作产量的相关度分析等。该测算方法要求两组具有一定容量的变量（本研究中即为地貌与聚落的分维数列），按照各列数据大小对变量进行等级大小的排序，记为集合[X，Y]，通过计算对应元素的差值D_i（i表示两种要素在各自变量序列中的排序，如X_1，Y_1），借助公式测算得出两组变量之间的关联度，其数值一般介于–1到+1之间，且结果越趋近于+1，表明两种变量的相关度越高。

$$R_s = 1 - \frac{6 \sum_{i=1}^{n} D_i^2}{n(n^2 - 1)}$$

式中，R_s为相关系数，D_i为变量差值，n为被测数据组的容量。[8]

根据上述方法，对43组"聚落—地貌"分维数据进行整理和测算（表4.11）。将表中的变量总数43和差值总和16830代入上述公式中求得地貌与聚落的分维相关系数为0.79，从而在理论数据上可以判断：马湖峪河流域的聚落形态与分形地貌具有较高的关联性。

马湖峪河流域"聚落—地貌"分维关联度测算数据　　　表4.11

样本编号	聚落—地貌分维组	变量排序值	排行差分集合	差值平方
	$[FD_J，FD_D]$	$[X，Y]$	D	D^2
01	[0.97，1.33]	[26，31]	–5	25
02	[1.28，1.64]	[1.5，9]	–7.5	56.25
03	[1.19，1.24]	[32，14]	18	324
04	[1.02，1.54]	[4.5，28]	–23.5	552.25
05	[1.13，1.38]	[20.5，17]	3.5	12.25
06	[0.99，1.28]	[29，30]	–1	1
07	[1.17，1.62]	[3，15.5]	–12.5	156.25
08	[1.05，1.30]	[28，23.5]	4.5	20.25
09	[1.28，1.18]	[36.5，9]	27.5	756.25
10	[1.24，1.10]	[42，11]	31	961
11	[1.17，1.41]	[18，15.5]	2.5	6.25
12	[1.20，1.14]	[39.5，12.5]	27	729
13	[1.03，1.54]	[4.5，26]	–21.5	462.25
14	[0.93，1.15]	[38，34.5]	3.5	12.25
15	[1.03，1.46]	[11，26]	–15	225

续表

样本编号	聚落—地貌分维组 [FD_J, FD_D]	变量排序值 [X, Y]	排行差分集合 D	差值平方 D^2
16	[1.06, 1.48]	[9, 21.5]	−12.5	156.25
17	[0.92, 1.49]	[8, 36]	−28	784
18	[0.89, 1.64]	[1.5, 38]	−36.5	1332.25
19	[1.51, 1.09]	[43, 2]	41	1681
20	[1.10, 1.14]	[39.5, 20]	19.5	380.25
21	[0.94, 1.31]	[27, 32.5]	−5.5	30.25
22	[0.84, 1.27]	[30, 40]	−10	100
23	[0.93, 1.36]	[22.5, 34.5]	−12	144
24	[1.05, 1.26]	[31, 23.5]	7.5	56.25
25	[0.94, 1.50]	[7, 32.5]	−25.5	650.25
26	[0.80, 1.22]	[33.5, 42.5]	−9	81
27	[0.80, 1.22]	[33.5, 42.5]	−9	81
28	[1.00, 1.53]	[6, 29]	−23	529
29	[1.28, 1.34]	[25, 9]	16	256
30	[1.29, 1.18]	[36.5, 6]	30.5	930.25
31	[1.12, 1.47]	[10, 18]	−8	64
32	[1.29, 1.38]	[20.5, 6]	14.5	210.25
33	[1.11, 1.45]	[12.5, 19]	−6.5	42.25
34	[0.89, 1.42]	[16, 38]	−22	484
35	[0.82, 1.44]	[14, 41]	−27	729
36	[1.06, 1.36]	[22.5, 21.5]	1	1
37	[0.89, 1.42]	[16, 38]	−22	484
38	[1.03, 1.45]	[12.5, 26]	−13.5	182.25
39	[1.29, 1.42]	[16, 6]	10	100
40	[1.60, 1.20]	[35, 1]	34	1156
41	[1.20, 1.40]	[19, 12.5]	6.5	42.25
42	[1.40, 1.35]	[24, 4]	20	400
43	[1.41, 1.13]	[41, 3]	38	1444
Σ	—	—	0	16830

注：表中对于地貌与聚落的分维变量排序以"随着变量增加而升序"为原则，且当变量数值相等时，排序取变量所占位序的平均值。

4.3.3 小结

通过以上对于马湖峪河整体流域及支沟流域的"聚落—地貌"分形关联性研究，可以初步得出：（1）在统计学意义上，流域内聚落与地貌的分形相关度为0.79，可以认为具有高度相关性。（2）在分形形态上，流域内聚落整体上以利用高等级河谷的谷地与其他河谷之间的凹地（包括同一流域内的分枝河谷间凹地和不同流域间的边界处凹地）为主，与表征地貌的沟谷线或重叠或远离（远离的聚落占比较多）。如果将沟壑河谷作为"正地貌"，则聚落集中分布于"负地貌"中，二者呈一种镶嵌关系，如同两只手十指相叉。（3）在分维数据上，聚落与地貌的具体相关特征为整体负相关，其表面原因是测算地貌分维的表征要素选取了沟谷线，而聚落与沟谷线的形态关系是此消彼长、此进彼退的镶嵌关系，因此越复杂越密集的沟谷线代表的地貌分维越高，留给聚落选址的非沟壑用地越少越稀疏，则聚落分维越低。究其深层原因，则在于现状的聚落大多选址宽阔河谷内的平地或沟壑之间的平地，对于次级较窄河谷的邻近坡地选址较少，因此很少出现与沟谷线平行且邻近的聚落，而在河谷密集且谷地狭窄的支沟流域中，其聚落分布愈发趋向外围边界用地，为分散的散点团簇形聚落。

4.4 耦合于地貌单元的聚落结构特征

乡村聚落空间结构是在特定生产力水平下，人类认识自然、利用自然的活动及其分布的综合反映，是乡村经济、社会、文化过程综合作用的结果[9]。由大小不等的乡村居民点构成的乡村聚落系统可分为集镇、中心村和自然村三个层次，其空间结构即集镇、中心村和自然村在乡村地域空间的相对位置关系和空间分布状态[10]。单纬东、陈彦光在对河南信阳地区的城乡聚落研究中，得出了乡镇聚落体系在空间分布结构上具有分形属性，并且分形模式与城镇体系相同[11]。吴江国、张小林、冀亚哲对江苏省句容市和丹阳市的乡村聚落空间结构进行了集聚性分形特征的研究，并将聚落分布结构的分形特征与地貌关联比较，得出丘陵地貌与聚落空间集聚分维存在负相关关系[12]。借鉴以上分析思路和研究方法，同时结合本课题探索的图形分析方法，对马湖峪河流域乡村聚落分布结构与分形地貌结构进行图形和分维两方面的关联性分析，总结可能存在的特征。

由于马湖峪河流域内的聚落在行政等级上只包含行政村和自然村，因此无法按照"镇—中心村（行政村）—自然村"的等级结构进行分析。此外，课题旨在研究聚落在自然分布状态下的空间结构与分形地貌的关联性特征，研究对象的行政等级越低，其分布结构受到的政策因素等人为影响可能越小，故只针对村级聚落进行的结构分析更贴近于课题研究目的。同时，在分维测算过程中，将以流域为单元的聚落结构分析和以行政区划为单元的聚落结构分析进行比较，希望在对比中得出处于行政等级末端的自然聚落在分布结构上更吻合于人为单元还是自然流域单元。

4.4.1 基于分形形态比较的耦合特征

首先，从整体分布结构初步观察聚落与地貌的关联特征。结合第三章总结的流域地貌分形图式来看，一二级沟谷线的关系基本可以代表流域地貌的分形结构，即两侧分枝的叶状结构。在地貌结构图形之上，尝试将流域聚落的整体分布结构进行抽象提取和叠加。从图4-22中可以看出，流域聚落分布结构与表征地貌结构的一二级沟谷大体上吻合，且整体均呈分枝叶状，初步说明流域内聚落分布结构与分形地貌具有图形上的关联特征。

其次，对马湖峪河流域的行政村和自然村分别进行图形抽象处理，即按照聚落形态的几何重心将聚落抽象为空间分布结构中的"粒子"，该"粒子"没有面积规模上的赋值，同属于均质的空间节点。在此基础上，以表征地貌的沟谷线网络为图底，分别对行政村"粒子"和自然村"粒子"进行分布结构的抽象（图4-23、图4-24）。从图中可以看出，以整体流域为单元的行政村和自然村分布结构具有明显的枝状特征。其中，行政村分布结构包含两部分：（1）以一、二级河谷为依托的"主脉串支脉"结构；（2）以流域边界为依托的"边界连通"结构。这两种分布结构既反映了行政村对河谷资源的倾向性，也反映了对边界土地、边界交通的倾向性，因为流域道路网络几乎覆盖了整体流域的边界轮廓。对比行政村结构来看，自然村的分布结

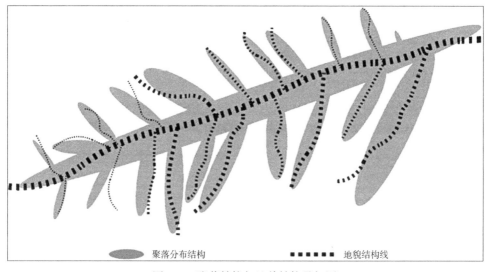

聚落分布结构　　　　　■■■■■■ 地貌结构线

图4-22　聚落结构与地貌结构叠加图

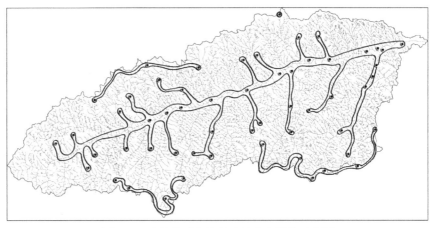

图4-23　流域单元内的行政村分布结构示意图

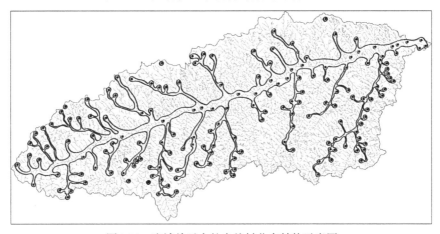

图4-24　流域单元内的自然村分布结构示意图

构则更偏向第一种类型，即"主脉串支脉"结构。同时，在此结构中，自然村串联的"支脉"等级更多，分枝更密，包含了二级、三级乃至少量四级的河谷分枝，尤其在流域上游区段中，自然村的分布结构如骨架般几乎支撑起整个流域的沟谷脉络。

在整体分布结构的基础上，选取一条完整的支沟流域（编号为02号的支沟），对行政村和自然村的整体分布结构再次进行抽象（图4-25）。由图中可以看出，在单条支沟流域中，聚落分布结构也呈现明显的"主脉串支脉"结构，且在支脉串联的结构中，串联聚

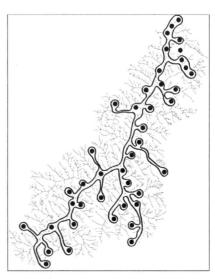

图4-25　02号支沟聚落分布结构图

落的数量与支沟的发育状态有关。就整体而言，02号支沟流域的东岸比西岸发育面积更大，分枝更长，因而聚落分布结构也整体偏向东侧；就个体而言，东南角的一条最大三级支沟所串联的聚落最多，结构相对完整，与整条支沟流域的聚落结构也具有一定的相似性。

从图形比较来看，无论是整体流域的聚落结构还是单独支沟流域的聚落结构，首先结构与结构之间存在一定的相似性，具有明显的"主脉串支脉"特征；其次聚落结构与地貌结构（以沟谷线为表征要素）之间也存在相似性和叠加一致性，这种一致性主要存在于流域的1~4级沟谷。

4.4.2　基于分形指标测算的耦合特征

根据已有对于聚落结构分形研究的文献，测算聚落空间分布结构的分形方法主要有网格维数法和关联维数法，其中网格维数法测算所得分维值表征的是研究区域中聚落分布的密度情况，反映的是聚落在空间中整体分布的均匀程度；关联维数法测算所得分维值表征的是研究区域内聚落与聚落之间的空间关联度情况，反映的是聚落与聚落之间的空间联系紧密程度。对于马湖峪河流域而言，上述两种分维测算都有其必要性。对于聚落整体空间分布进行网格维数测算，可以得出该流域内的聚落分布呈均质分散还是随机离散，结合地貌情况则可判断其分布密度是否与其相适应。关联维数的测算则可以得出该流域内聚落之间的空间联系度是紧密还是稀疏，结合地貌与道路体系则可判断现状分布结构是否与地貌、道路体系相适应。

（1）网格维数测算

在计算原理与数据处理上，此处应用的网格维数法与前面对聚落形态进行测算的网格法相同。但在测算对象和表征意涵上，与测算聚落形态分维不同，针对聚落分布结构的网格维数测算以聚落"粒子"（不含形态、质量参数）为对象，其测算结果用于表征在一定区域范围内，聚落空间分布结构是否均衡。

根据对已有文献的解读，聚落空间分布结构的网格维数一般介于0~2之间，是对研究范围内聚落分布结构均衡性的度量。

分维值为0的聚落分布结构相当于一个孤点，即该结构中只有一个聚落且自成体系，通常这一情况只存在于理论假设中。分维值为1的聚落分布结构相当于带形城市模型，即城乡聚落集中且均匀地分布在诸如铁路、河流等线性要素的一侧或两边。分维值为2的聚落分布结构相当于标准的中心地模式，这一模式是理论假设下的平原聚落分布结构，在具有多种随机干扰因素的实际情况中，这一理论分维也难以达到。因此，现实中的聚落分布结构分维值多介于1~2之间：当分维值偏近于1时，聚落分布结构以线性为主；当分维值偏近于2时，则聚落从线性分布逐渐向平面均衡性分布转化。

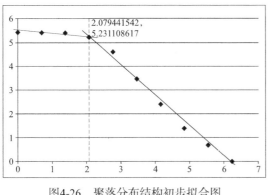

图4-26　聚落分布结构初步拟合图

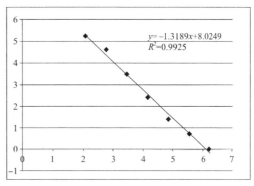

图4-27　聚落分布结构分形拟合图

基于以上原理，提取上节内容中对流域内所有聚落的"粒子化"抽象图，借助GIS软件统计聚落"粒子"在系列尺度网格中占据的非空网格数量并进行数据处理（表4.12）。在对表中两列对数值进行初步拟合时发现（图4-26），图表中存在明显的数据拐点（2.079，5.231），在该数据之上的系列点不具有分形特征。对该数据之下的系列点进行重新拟合，拟合度达0.993，具有明确的分形属性，分维值为1.32（图4-27）。

流域聚落"粒子"占据网格数量统计表　　　　　　　　表4.12

网格大小（r）	非空网格数（N）	$\ln（r）$	$\ln（N）$
1	228	0	5.429346
2	224	0.693147	5.411646
4	222	1.386294	5.402677
8	187	2.079442	5.231109
16	100	2.772589	4.60517
32	32	3.465736	3.465736
64	11	4.158883	2.397895
128	4	4.85203	1.386294
256	2	5.545177	0.693147
512	1	6.238325	0

对上述拟合过程中的数据进行分析可以得出：（1）拟合图中的数据拐点对应表4.12中的8×8网格，该网格对应到实际空间尺度中约为1000m×1000m，由此可以推测，马湖峪河流域内聚落分布结构的最小空间单元为1000m×1000m，在该尺度之下的空间内基本难以形成较为完整、独立的聚落结构。（2）结合前述网格分维D

值的理论意义来看，在1000m×1000m以上的空间尺度上，流域整体聚落结构处于趋向均衡的状态。由于1.32的分维值介于1和2之间，同时更靠近1（即聚落分布为线性结构），所以该流域内的聚落结构仍以线性为主，在此基础上逐步扩散而趋于均衡。（3）城乡聚落体系Koch模型的理论分维值为1.701[13]，该理论针对平原地区而言，因此得出地貌与聚落结构的理想对应分维值为[2，1.701]（注：平原地貌相当于二维平面，其分维值为2）。依据这一分维关系和马湖峪河流域地貌的分维值1.70，可以推测该流域理想的聚落结构分维值应在1.45左右，对照流域聚落结构的实际分维结果1.32，可以认为，聚落结构分维与地貌分维已达到很高的相关度。

为了进行流域单元下的聚落结构与行政单元下的聚落结构比较，选择流域中所含面积占自身面积65%以上的行政单元进行统计测算，分别为郭兴庄镇和武镇（图4-28、图4-29）。测算方法同上，得到二者的分形拟合图表（图4-30、图4-31）。

拟合过程中同样出现分形数据拐点，对应至实际空间距离，郭兴庄镇的聚落结构分形拐点约为500m×500m，武镇的聚落结构分形拐点约为400m×400m，同理推测，郭兴庄镇和武镇的聚落分布结构的最小单元分别为500m×500m和400m×400m。此外，二者的聚落结构分维值均为1.1左右，小于流域单元下的聚落结构分维，表明行政单元内的聚落结构更趋向于线性分布，且较流域单元更集中。

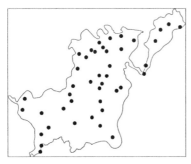

图4-28　郭兴庄镇聚落分布图

图4-29　武镇聚落分布图

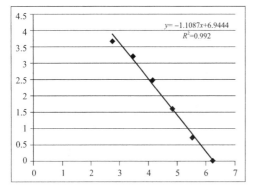

图4-30　郭兴庄镇聚落分布结构网格维数拟合图

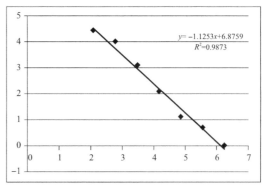

图4-31　武镇聚落分布结构的网格维数拟合图

再以地貌分维和行政单元内的聚落结构分维对比来看，行政单元内的聚落分布结构与流域地貌在分维上相差较大，说明行政范围划分下的聚落结构和地貌的关联性较弱，推测可能是行政单元对地貌内完整流域的切割所致。

（2）关联维数测算

关联维数的测算原理及具体公式在第二章已有介绍，此处结合应用简要说明。在实际测算过程中，为了方便计算，通常将关联维数的函数表达式简化为 $N(r) = \sum_i \sum_j \theta(r - d_{ij})$，$N(r)$ 即为对应度量码尺 r（r 为 Δr 的整数倍）的聚落"粒子"所占非空网格数，不断变换码尺 r（按照 Δr 的整数倍递增或递减），则会得到系列数据组 $(r, N(r))$，对数据组取对数并做线性拟合，即可得分维 D。

关联维数的表征意义也在于聚落空间分布的均衡性，但与网格维数度量结构的整体均衡性略有不同，关联维数反映的结构信息隐含了各个聚落要素之间的分布关联度。分维数值的理论意义与网格维数基本相同。

由于流域内聚落总量较大，因此选取行政村（58个）进行两两之间的距离测量，形成一个 58×58 的聚落空间距离矩阵（图面原因，未将矩阵表格列入）。根据表中数据的最大值32.29和最小值0.47，取最小码尺 r 为2，Δr 为2，总计得到16组 $(r, N(r))$ 的点列（表4.13）。

聚落空间距离码尺 r 与对应"粒子"占据网格数量统计表　　表4.13

序号	1	2	3	4	5	6	7	8
r	2	4	6	8	10	12	14	16
$N(r)$	91	216	405	613	822	1014	1157	1287
序号	9	10	11	12	13	14	15	16
r	18	20	22	24	26	28	30	32
$N(r)$	1405	1499	1578	1616	1674	1695	1706	1710

将表中数据取对数并进行线性拟合，得到关联维数 $D=1.06$（图4-32），表明流域内行政村之间的关联度较低，整体结构趋向线性分布，行政村的发展对一级河谷的倾向性较为明显。

作为比较，对以行政划分为单元的郭兴庄镇聚落结构进行关联维数的测算，得到关联维数 $D=1.01$（图4-33），具有很强的线性集中特征，但同样略小于流域单元内的聚落结构分维（表4.14）。

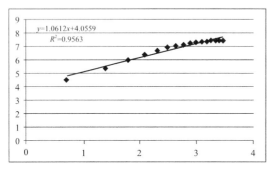
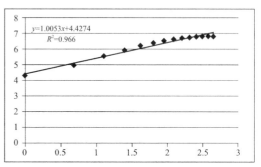

图4-32　流域单元内行政村分布结构的关联维　　　图4-33　郭兴庄镇聚落分布结构的关联维数拟合图
　　　　数拟合图

聚落空间距离码尺r与对应"粒子"占据网格数量统计表　　　表4.14

序号	1	2	3	4	5	6	7
r	1	2	3	4	5	6	7
$N(r)$	72	143	261	382	504	600	691
序号	8	9	10	11	12	13	14
r	8	9	10	11	12	13	14
$N(r)$	767	828	863	897	914	922	930

4.4.3　小结

　　首先，对聚落分布结构的分形研究得出以下结论：（1）从图形角度分析的聚落结构呈现较为明显的"主脉串支脉"特征，且支脉串联的聚落数量与支脉自身的发育状态正相关；（2）从分维测算角度分析的聚落结构具有较强的线性集中分布特征。将上述两个结论并置来看，则可自证得出，马湖峪河流域的聚落主要以"主脉串支脉"的形式线性集中分布。

　　其次，结合分形地貌与聚落分布结构的比较研究得出以下结论：（1）从图形角度看，流域内聚落分布结构的"主脉串支脉"特征是以沟谷线为依托的，聚落分布结构与一至三级沟谷线基本叠加一致，表明聚落分布结构与分形地貌具有形态相似性；（2）从分维测算角度看，流域内聚落分布结构的分维值与地貌分维值具有较高的关联度，佐证了图形分析对二者具有相似性的判断。

　　再次，文中阐述中的Koch模型理论分维（$D=1.701$）虽然已经是对中心地模型加入了随机因素，但主要指平原地区的聚落体系，针对马湖峪河流域的沟壑地貌而言，达到均衡状态的聚落结构分维值应该小于1.701。参考平原地区对"地貌—聚落结构"的理想分维关系[2，1.701]与马湖峪河流域的地貌分维值1.70，推测该流域聚落分布结构的理想分维值应在1.45左右，即形态上仍以线性集中为主要特征，在依托"主脉"分布的基础上向两侧串联更多"支脉"。

最后，在对流域单元和行政单元内聚落分布结构的比较中得出：相较于流域划分下的聚落结构而言，行政单元内的聚落分布结构更集中，与地貌的关联性更弱，这一结果可能是行政单元对完整流域的切割所致。同时，以流域为单元的聚落分布结构中，在尺度上存在最小结构单元约为1000m×1000m；以行政为单元的聚落分布结构中，尺度上的最小结构单元较前者小，约为500m×500m，这也说明了行政单元内的聚落结构比流域单元的集中。但在与地貌的关联比较上，流域单元内的聚落结构在线性分布基础上具有主脉串支脉的分散特征，比行政单元的线性结构更吻合于地貌。初步推测原因在于，以行政划分单元偏重对聚落管理因素的考虑，往往对完整地貌或流域形成切割，在分维测算中便会遗漏或阻断同一流域内联系紧密的聚落或结构单元。

4.5 本章小结

通过对马湖峪河流域聚落分布形态、分布区位、分布结构分别进行分形特征分析和与地貌的关联比较，得出以下核心结论：（1）流域内聚落的分布形态、分布区位、分布结构均与地貌具有高度相关性，其中，聚落分布形态与分形地貌的相关度为0.79，聚落分布区位与分形地貌的相关度为0.92；（2）聚落分布形态与分形地貌整体上呈负相关，即以沟谷线表征的地貌分维越高，聚落形态分维越低，二者在土地形态上呈一种镶嵌关系；（3）以聚落规模为参照的聚落分布区位具有分形属性，且与地貌中的河谷等级呈正相关，即同一区位类型中，聚落规模随着区位等级升高而增大；（4）聚落分布结构与分形地貌具有叠加一致性，即整体聚落分布结构与分形地貌相似，呈羽状分枝，只是聚落结构相对地貌沟谷更集中，在分枝密度上小于地貌。

对以上结果进行初步分析，可以认为：现状聚落形态和空间分布对河谷的依赖性较强，这一方面反映了以河谷作为表征要素的资源区位，对于聚落的发展（包括聚落规模、等级等）具有同向度的影响作用，当资源区位升级时，聚落可能随之扩大，当资源区位衰落甚至收缩消亡时，聚落可能随之收缩甚至迁并；另一方面也说明现状聚落大多选址于宽阔河谷内的平地或沟壑之间的平地，对于次级较窄河谷的邻近坡地选址较少，因此在聚落单体形态上很少出现与沟谷线平行且邻近的聚落，在聚落整体结构上也很少出现依托四级及以下支沟的分枝结构。

参考文献

[1] 刘建红，刘红艳，邵红，等. 马湖峪河流域水沙特性及治理措施[J]. 商情，2012（49）：2.

[2] 曹向明，周若祁. 黄土高原沟壑区小流域村镇体系空间分布特征及引导策略[J]. 人文地理，2008（5）：53-56.

[3] 于汉学. 黄土高原沟壑区人居环境生态化理论与规划设计方法研究[D]. 西安建筑科技大学，2007.

[4] 尹怀庭，陈宗兴. 陕西乡村聚落分布特征及其演变[J]. 人文地理，1995（4）：17-24.

[5] Isabelle Thomas, Pierre Frankhauser, Benoit Frenay et al.Clustering patterns of urban built-up areas with curves of fractal scaling behavior[J]. Environment and planning B: planning and design, 2010, 37(5), 942-954.

[6] 张宇星. 城市和城市群形态的空间分形特性[J]. 新建筑，1995（3）：42-46.

[7] 同参考文献[6].

[8] Wikipedia. [DB/OL] 2015-11-22. https://en.wikipedia.org/wiki/Spearman_rank.

[9] 范少言，陈宗兴. 试论乡村聚落空间结构的研究内容[J]. 经济地理，1995（2）：44-47.

[10] 郭晓冬. 黄土丘陵区乡村聚落发展及其空间结构研究[D]. 兰州大学，2007.

[11] 单纬东，陈彦光. 信阳地区城乡聚落体系的分形几何特征[J]. 地域研究与开发，1998（3）：49-52，65.

[12] 吴江国，张小林，冀亚哲. 不同尺度乡村聚落景观的空间集聚性分形特征及影响因素分析[J]. 人文地理，2014，29（1）：99-107.

[13] 赵珂. 城乡空间规划的生态耦合理论与方法研究[D]. 重庆大学，2007.

生长智慧："枝状网络分形"的陕北模式

根据前述章节对分形地貌与分形聚落形态的耦合分析，本章将上述生长规律进一步抽象为"枝状网络分形"的聚落生长智慧图式，并结合不同类型的聚落样区对智慧模式进行局部分解。结合典型案例分析，分别从因地制宜的生态智慧、分形布局的韧性智慧、生土窑洞的共生智慧三个方面，详细阐述陕北乡村聚落在宏观用地选址、中观形态布局、微观建筑场地营造等多个层次所体现出的生长智慧。

5.1 智慧模式图解

5.1.1 整体图式：枝状网络分形

枝状网络模式的聚落生长规律源于周庆华教授对陕北人居环境的长期研究与科学提炼[1]。结合前述章节对分形地貌与分形聚落形态的耦合分析，本章将这一生长规律抽象为"枝状网络分形"的聚落生长智慧图式，并从比较视角和时序分解角度对其作进一步阐释。

首先，基于比较视角，陕北黄土高原地貌的破碎化分形特征，导致该地区的聚落选址、用地、形态、结构等均存在较大局限。不同于平原地区的聚落可以按照方正路网格局生成团块状、放射状、自由状等多种形态，陕北聚落在适应自然地貌的过程中，逐渐发展出"化整为零、局部嵌入"的布局智慧。如图5-1所示，在用地规模不变的前提下，将等量规模的聚落用地切割为大小不一的用地单元，根据不同等级河谷地段的开敞用地条件，将各个单元分散地嵌入河谷川道当中，由此形成"枝状网络分形"的生长模式。

其次，从生长时序的动态分解来看，平原地区的聚落往往可以在一处选址上进行用地扩张甚至圈层式蔓延，发展形成大规模、集聚式乡村聚落；不同于平原地区，河谷川道中的聚落在选址、发育、扩张的过程中，往往暗合所处地貌的发育过程。根据第三章所揭示的河谷水系发育原理、发育过程模拟，将聚落生长过程与河谷水系发育相关联，则可抽象提炼出聚落生长的最小模块及其生长迭代过程。如图5-2、图5-3所示，将分解小图①作为河谷发育和聚落生长的最小模块，即聚落生

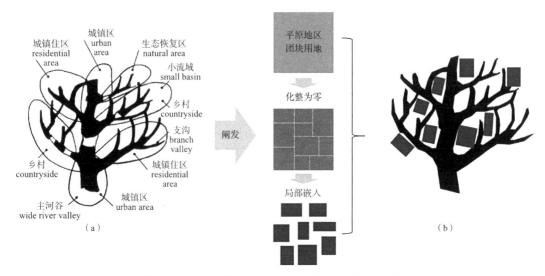

图5-1　"化整为零、局部嵌入"的枝状网络布局图解
来源: 作者自绘, 其中图 (a) 来自参考文献[1]

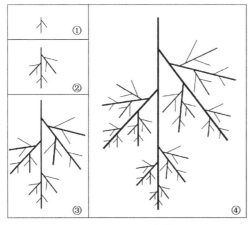

图5-2　枝状水系发育模拟图

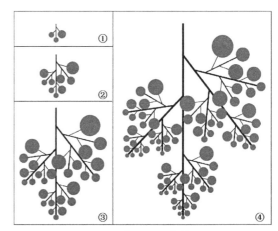

图5-3　聚落生长发育模拟图

长的"分形元", 其中包含了"三分枝状"的生长法则, 将这一法则作为生长迭代的依据, 可以得到一次迭代结果 (分解小图②)、二次迭代结果 (分解小图③)、三次迭代结果 (分解小图④)。

　　分析枝状网络生长模式的形成动因, 主要来自黄土高原丘陵沟壑地貌中的河谷集聚效应、河谷闭合效应、河谷传输效应、河谷交汇效应[2]。其中, 河谷集聚效应强调适宜宽度的川道为聚落选址、道路选线、农业生产等活动提供了具有吸引力的可建设或可耕种的平坦用地 (图5-4); 河谷闭合效应促成了陕北聚落以小流域为单元的等级化、体系化生长模式 (图5-5); 河谷传输效应则为人流、物流、基础设施、文化信息等要素的流通与传播提供了天然通道, 各级河谷川道所形成的网络体

图5-4 河谷集聚效应示意图

图5-5 河谷闭合效应示意图

图5-6 河谷传输效应示意图

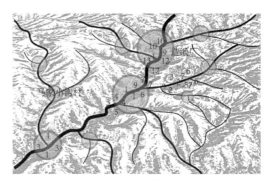

图5-7 河谷交汇效应示意图

系为聚落生长提供了纵深空间，使其不必局限于主沟川道，而是在河网冲刷形成的主沟、支沟、支毛沟发育形成不同等级、不同规模的聚落（图5-6）；最后，河谷交汇效应强调不同等级的河谷交汇地带往往具有生态多样、资源汇聚等特征，为发育形成更大规模、长期稳定的城乡聚落提供了良好基础（图5-7）。

5.1.2 局部分解：枝状道路连通

在"枝状网络分形"的整体图式当中，顺应河谷地貌选线并串联而成的枝状道路体系是影响聚落生长的主体骨架。枝状道路体系的理想图式在与实际地貌耦合的过程中往往生成多种变体，其整体结构仍然符合枝状分布，但局部道路存在相互连通、相互平行、交叉连通等多种具体布局模式。造成上述适应性变化的驱动因素除了地貌之外，往往还受到村域周边的公共服务设施分布、与邻近乡镇或县城的交通距离等因素的影响。

选取若干陕北乡村聚落样本，并对其道路网络进行提取，初步提炼形成三种抽象图式：第一种提取自带状或带状放射的聚落样本，建设用地相对集中，因此在中心道路的基础上，向河谷两岸垂直或放射生成类鱼骨状排列的支路体系（图5-8）；第二种提取自布局较为分散的放射状聚落样本以及组团状聚落样本，其中心道路两侧的支路相较第一种支路体系的连通性更强，这是因为两侧支路需要将分散式聚落组团串联至中心道路，以建立整体聚落与外部的交通联系（图5-9）；第三种提取自集中组团式布局的聚落样本，中心道路与两侧支路的连通性最高，整体路网密度也最高（图5-10）。

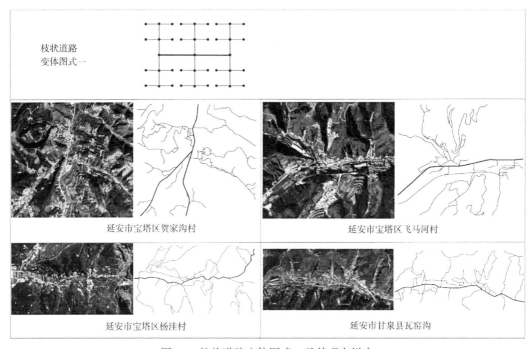

图5-8　枝状道路变体图式一及其现实样本

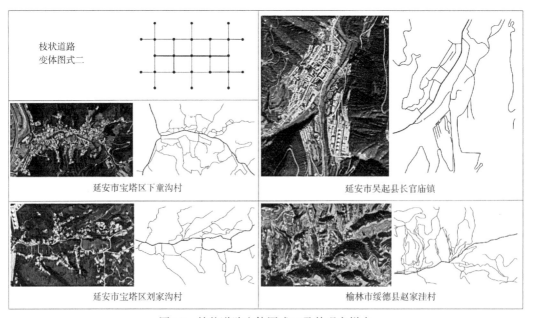

图5-9　枝状道路变体图式二及其现实样本

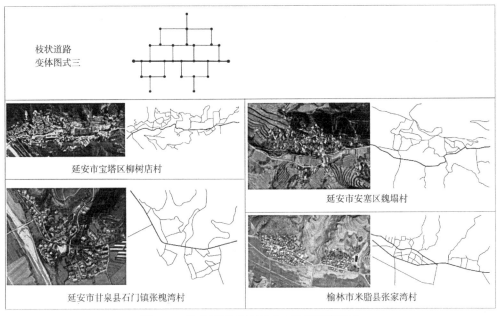

图5-10　枝状道路变体图式三及其现实样本

5.1.3　局部分解：串珠组团生长

在上述道路骨架的基础上，建筑斑块沿着路网不断填充，同时受到梁峁台塬等不同地貌的外部约束，建筑斑块的填充又绝非无限度、自由式的扩张，最终往往沿着道路骨架、顺应地貌形势呈串珠组团状的分布形态。与枝状道路的抽象图式类似，建筑斑块填充所形成的聚落组团，在适应现实地貌的过程中也存在不同形式的变体。如图5-11所示，单行列式串珠组团的聚落通常沿河谷中心的平坦用地线性生长，河谷两侧多为梁峁，聚落难以继续向两侧的纵深方向延伸。双行列式串珠组团的聚落大多则位于河谷交汇之处，河口处较为平坦集中的用地通常作为农用地，两侧支沟较为分散的用地则用于居住，由此既充分利用了支沟用地，又兼顾了住宅与农田之间的适宜耕作距离（图5-12）。第三种指状串珠组团生长的聚落样本，则受地貌约束较大，往往在流域支沟内部或末端选址发育，由于地貌破碎度较前两种更高，分布其中的聚落斑块也更加零散（图5-13）。

无论是哪种图式变体，与地貌相和谐的乡村聚落整体上仍以串珠组团的形式生长发育，这种以小尺度、分散布局的组团为基本单元的生长模式，使得每个单体乡村以及地域内多个乡村形成的聚落体系，均具有一定的结构冗余性。这种冗余性使得聚落在生长、扩张、收缩、退行等不同生命阶段，都能保持较为灵活的空间适应能力，即以串珠组团模式为原型，在增长时期沿河谷及两侧支沟进行纵深式生长，在退行时期也可以沿着生长路径反向收缩，如此确保乡村始终遵循退出次优用地、保留最优用地的智慧收缩路径。

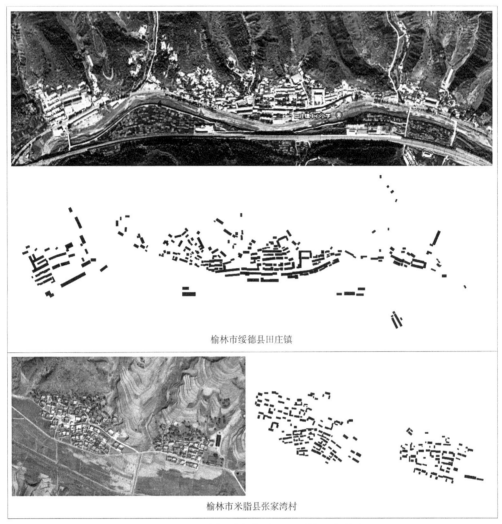

榆林市绥德县田庄镇

榆林市米脂县张家湾村

图5-11　单行列式串珠组团及其现实样本

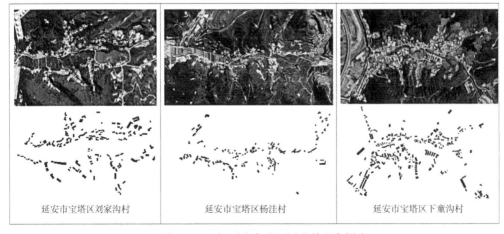

延安市宝塔区刘家沟村　　　　延安市宝塔区杨洼村　　　　延安市宝塔区下童沟村

图5-12　双行列式串珠组团及其现实样本

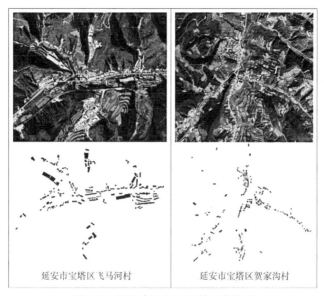

| 延安市宝塔区飞马河村 | 延安市宝塔区贺家沟村 |

图5-13　指状串珠组团及其现实样本

5.2 因地制宜的生态智慧

5.2.1 趋避宏观地貌

中国素有"不争"的传统哲学观，具体包括"不与天争、不与地争、不与人争"。这一朴素的哲学思想反映到陕北黄土高原的聚落选址当中，就是在对待宏观自然地貌时，以选择为主，而非强力改造，通常趋向开敞川道、缓坡阶地等有利条件，避开深沟、陡坡、残塬等不利条件。如图5-14所示，陕北黄土高原沟壑纵切、梁峁破碎，那些历经数十年乃至百年而留存至今的传统聚落，往往选址精妙、不与地争。在更大尺度的区域地貌中，无论中等规模的城市，还是小规模的村落，都呈

图5-14　黄土高原沟壑纵切、梁峁破碎的宏观地貌
来源：《杨家沟革命纪念地整体建设规划研究》项目组

斑块状镶嵌在河谷川道、台塬缓坡。这一趋避智慧使得陕北乡村聚落在生活用地、生产用地、生态用地等方面，首要重视其用地选址，其次才是对中观层次局部地形的微改造和对微观地貌的适应性耦合。

5.2.2 巧用中观地貌

在长期的实践摸索中，陕北黄土高原聚落营建的重要智慧之一就是采用"小平大不平"的策略，对中观尺度的局部地形进行微改造，使其更加有利建筑群落的组团式布局。通过地形建模可以看到（图5-15），所谓"小平大不平"就是对地貌整体高低起伏的大走势保持不变，此为"大不平"，进而结合建筑群落的布局需要，选择局部地貌进行适度挖方或填平，此为"小平"。图中所示，是将沟道两侧的山坡按照梯度等级逐层切削、填平，形成类似梯田状的相对平坦用地。在此过程中，往往需要兼顾工程排水问题，使原有沟道保持一定坡度，确保雨水以及可能的山洪能够排到沟底。同时，在满足居住用地的前提下，两侧山体整治后形成的剩余台地，往往种植当地适生的乔灌树种，发挥生态恢复、生态保育、景观美化等作用。

体现这一智慧的典型案例就是米脂县历史文化名村——杨家沟村，其中坐落着全国最大的窑洞庄园（马氏庄园），也称"扶风寨"。扶风寨最初因踞高防御之需，选择了小流域地貌中的一处陡坡，三面均有河谷沟道环绕，因此在营建之初首先对所处局部地貌进行了适应性改造。具体而言，将现状山体划分为多个组团地貌，通过削切各组团地貌形成高低错落的缓坡台地，以各个台地为组团单元布局窑洞院落，并顺应改造后的地形坡度，采用"之"字形道路自下而上串联各个组团。此外，原有地形梁峁之间有一窄沟难以利用，于是将削切所得的土方填平窄沟，同时考虑到湿陷性黄土地质，在建筑布局时避开了土方填充处，以满足安全要求，并巧妙利用此沟作为组团间的绿化景观（图5-16）。

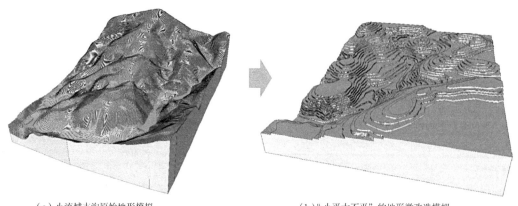

（a）小流域支沟原始地形模拟　　　　　　　　　（b）"小平大不平"的地形微改造模拟

图5-15　黄土高原小流域地貌微改造模拟示意图
来源：《杨家沟革命纪念地整体建设规划研究》项目组

图5-16 米脂县杨家沟村扶风寨全景照片及其沙盘模型

来源：米脂县杨家沟镇政府提供

5.2.3 耦合微观地貌

更进一步，在改造中观地貌的基础上，结合各个台地单元的微观地形地势，分别选取地上窑洞、靠崖窑洞、地坑窑等不同建筑形态与院落组合方式进行布局。如图5-17所示，改造后的扶风寨地形大致可分为三个坡段：（1）第一坡段为山顶之上的平地，坡度约为0%～5%，主要布局族祠、学堂等多进式窑洞院落；（2）第二坡段为集中于南北山腰的缓坡段，坡度约为10%～25%，建筑采用靠崖窑洞和平砌窑

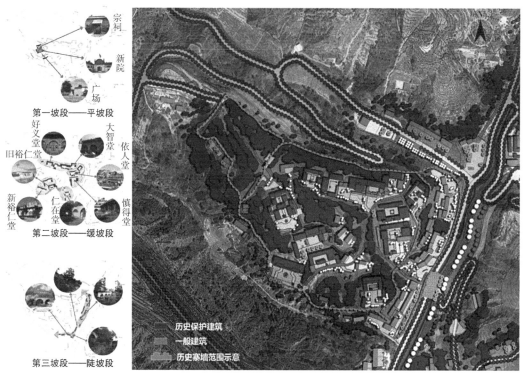

图5-17 扶风寨核心保护区建筑布局示意图

来源：《杨家沟革命纪念地整体建设规划研究》项目组

洞结合的方式，窑洞组合多采用布局灵活的一进式院落；（3）第三坡段为陡坡段，仅能利用山脚之下、寨墙之上的狭长陡坡地貌，该地段的建筑主窑紧贴崖面排布，窑面朝向以向东为主，顺势朝南北方向延展；其他零散坡地难以布局建筑，则作为联系道路或生态景观用地。

5.3 分形布局的韧性智慧

5.3.1 分形道路布局的网络韧性

道路网络由节点与边组合形成，节点与边的有效连接程度对于道路网络效率有决定性作用[3]。道路网络韧性主要基于拓扑学视角，将道路系统视作两点之间成边、多边之间连通成网的"点-线-网"体系，从而判断外部变化对节点或边的干扰是否会影响整体道路网络，以及影响程度如何[4]。通常采用静态中断干扰、动态拥堵干扰两种情景[5]。如图5-18所示，分形道路的布局特征使其在受到外部干扰时，即使局部路段瘫痪，也不会引发整体系统的崩溃。类似河谷分支等级，道路网络中也遵循越低等级的路网密度越高这一规则，因此，低等级的路段瘫痪完全不影响道路系统的整体运行，即使如图5-18（b）所示中断高等级节点与路段，也不妨碍其他路段的快速连通恢复，并与原有结构逻辑保持一致。这就得益于乡村分形道路网络中特有的冗余路段。

不同于现代城市规划路网的严密性、系统性，冗余性是乡村道路网络的显著特征之一。正因为受限于地貌约束，陕北乡村道路网络中既有规划建设的硬化铺装道路，也有很多非人力规划的、顺应地貌走势自发探索形成的冗余路段，这些冗余路段有的在日常生产生活使用中逐渐和规划道路连通，有的仍处于断头路状态。从韧性角度考察，这种包含冗余路段的乡村道路网络既可以缓解偶发性的交通拥堵（如乡村婚丧嫁娶活动中的各类机动车数量激增），也可以作为极端情况下的备用恢复路段（如雨洪暴雪等冬夏极端天气导致常用道路阻断），作者及规划团队在陕北乡村的多次调研中，都曾借道非正式的冗余路段得以顺利通行。

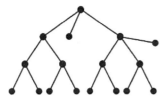 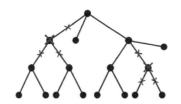 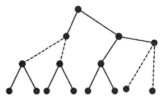

（a）分形道路模型　　　　　（b）节点与边中断模拟　　　　　（c）冗余路段恢复连接

图5-18　分形道路布局的抽象模型及其韧性恢复模拟

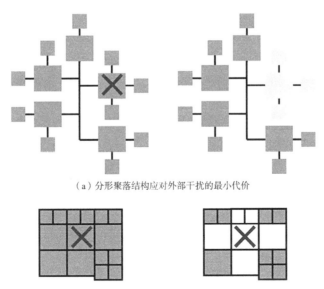

（a）分形聚落结构应对外部干扰的最小代价

（b）集聚式聚落结构应对外部干扰的最小代价

图5-19 分形聚落结构与集聚式聚落结构的韧性水平比较

5.3.2 分形聚落布局的结构韧性

顺应地貌布局的陕北乡村聚落，形成了以微结构为基本单元的聚落空间系统。如图5-19所示，分散于各级河谷川道的零散建设用地，使得乡村建设在没有削山造城的经济和技术前提下，只能形成小规模、组合式的布局结构，虽然客观上导致各组团单元之间的联系效率不及集中式布局结构，但在应对外界突发干扰时所付出的代价却远小于集中式布局。

此外，从建设过程来看，集中式布局的聚落模式往往需要先完成整体骨架的搭建，然后填充局部，一旦在局部填充过程中出现整体骨架变形等突发干扰，则已完成的局部建设也将随之崩溃；反观分形布局的聚落模式，可以遵循先局部、后整体的建设步骤，由于每个聚落组团相对独立，即使在建设过程中其他组团受到外部干扰，已经完成的局部建设也不会受到影响，这种建设过程本身所表现出的韧性也是分形聚落结构韧性的体现。

5.3.3 完整功能组团的社会韧性

与分工明确、密切关联的城市功能布局模式不同，乡村因其规模小、对外联系弱等特征，往往发展形成自给自足的完整功能组团，包括粮食、水源等生存性服务功能，卫生所、幼儿园、小学、商超便利等生活性服务功能。由若干临近乡村所形成的完整功能组团，不仅在日常生活中建立和稳固微型乡村社会网络，更重要的是在极端情况下（如突发公共卫生事件等），即使切断乡村组团与外界的联系，其仍

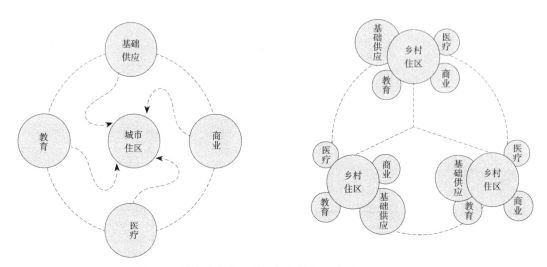

图5-20　城市功能分区结构与乡村完整功能组团的比较

然具备中短期内自我生产、自我循环的社会服务能力。相比之下，现代城市强调分工与合作的功能布局模式，导致其应对突发公共事件的社会韧性远低于乡村聚落。受此启发，在城市更新过程中越来越多地强调用地功能的混合性，包括完整住区规划的提出，也蕴含着向乡村智慧学习的意识（图5-20）。

5.4 生土窑洞的共生智慧

5.4.1 与地貌凹凸形态共生

凹空间与凸空间是建筑学、城市设计、景观规划的基础研究课题。梁鹤年先生在《内与外、大与小、凹与凸》一文中指出，作为几何实体的建筑物是构成人居环境的凸空间，而建筑围合形成的凹空间是具有积极意义的"正面空间"，凹空间与凸空间互为关系（inter-relations）[6]。从这一视角解读陕北生土窑洞，无论是挖山砌筑、嵌入地形的地下窑洞，还是靠崖砌筑、楔入坡地的半地上窑洞，它们都与自然地貌形成了巧妙的"凹凸共生"关系。

如图5-21（a）、（b）所示，对于地下窑洞而言，它们往往与山体坡地形成平面和剖面上的凹凸关系，窑洞顶面与坡地融为一体，通过在窑顶覆土上植草，一方面取得绿化景观，另一方面也是更重要的，则是借助草的固土能力减少水土流失及其带来的窑顶塌陷、漏水等安全风险。图5-21（c）所示为组群式窑洞的布局方式，通过对所处地形的局部改造，使其形成若干个台地，台地与台地之间的高差基本相当于一座窑洞的高度，由此利用台地间的高差关系，形成阶梯式布局的窑洞组群。对

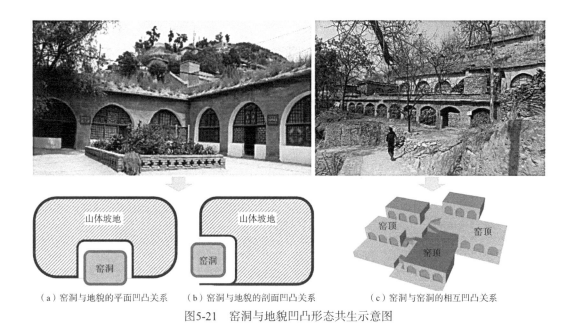

（a）窑洞与地貌的平面凹凸关系   （b）窑洞与地貌的剖面凹凸关系   （c）窑洞与窑洞的相互凹凸关系

图5-21   窑洞与地貌凹凸形态共生示意图

于组群式窑洞而言，它们不仅与自然台地形成了凹凸穿插的关系，而且在上级台地窑洞与下级台地窑洞之间也构成了凹凸关系，即下级台地的窑顶空间成为上级台地的窑洞院落，多个窑洞共同围合的较大尺度院落则成为整个窑洞组群的公共空间。这种天然的节地布局方式，既适应了用地紧缺的黄土高原环境，又增加了窑洞邻里之间的公共交往频率，成为维系乡村社会关系与稳定结构的隐形纽带。

5.4.2 与地域气候环境共生

传统生土窑洞以拱顶式结构、厚墙体、大进深为突出特征，从力学原理角度分析，可使窑顶压力均分两侧并向下传导，保障结构安全性与稳定性；从建筑环境角度分析，厚墙体、大进深的内部空间，适应当地四季昼夜温差大的环境特点，窑洞内部有利于形成温度、湿度相对稳定的室温环境，冬夏两季的室内外温差可达10~15℃，由此生土窑洞也有"冬暖夏凉神仙洞"等美誉。即使在极端气候情况下需要借助人工设备进行采暖、降温，对于达到人体舒适感所需的条件而言，窑洞建筑能耗也远低于普通现代建筑能耗。

此外，随着经济条件的逐步改善，窑洞四合院形式越来越多，为应对黄土高原瞬时强度较大的降雨特点，形成了建筑、设施、场地、道路等多种方式相结合的智慧排水系统。如图5-22所示，从窑洞四合院的剖面来看，窑顶覆盖的土壤和植被将部分雨水吸收截留，沿窑面挑檐下流的雨水顺着场地高差排向院落，院内雨水一部分进入渗井（也称水窖、集水坑）可兼做生活用水，一部分沿明沟或暗渠排向院外道路，最后少量地面积水蒸发散尽。院外道路的排水设计与现代城市道路排水不

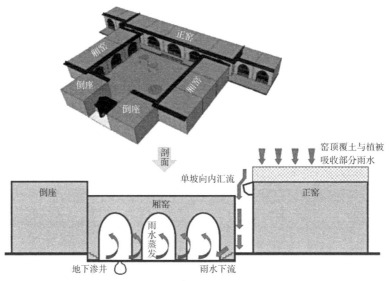

图5-22　窑洞四合院场地排水示意图

同，多采用下凹式路面，即路面坡度以道路中心线为最低点，将路面两侧的雨水汇入道路中央，通过砖石铺成的路面引导雨水部分下渗（图5-23）。

5.4.3　与原生生土材料共生

无论是窑洞建筑还是铺装路面，乡村聚落受限于经济条件、技术工艺，始终优先选择生土、片石、砖瓦等易获取、易加工的地域性材料（图5-24），并在墙体砌筑、路面铺装等方面沿用地方传统匠作工艺，无形中是对地域特色和传统工艺的彰显与传承。同时，在防护挡墙、景观树池、排水沟（道）等工程设施中，也充分利用土石等低造价材料。尤其是乡村道路的铺装用材，限于成本和工艺，往往采用生土与砖石立铺相结合的方式，保障路面经久耐用、不易损伤的同时，兼顾人行与车行。整体上，当地生土为主的系列工程材料在简

图5-23　陕北乡村道路排水示意图

图5-24　窑洞、道路、树池常用材料

单加工之后具有粗而不俗、实用耐久、与自然环境统一协调的优点。更重要的是，这些材料在窑洞废弃回填、道路翻新施工等情况下，经简单处理即可回填回收或再利用，极大地降低了对生态环境的二次破坏，所谓"取之于自然，还之于自然"。

参考文献

[1] 周庆华. 黄土高原·河谷中的聚落：陕北地区人居环境空间形态模式研究[M]. 北京：中国建筑工业出版社，2009.

[2] 周庆华. 陕北城镇空间形态结构演化及城乡空间模式[J]. 城市规划，2006（2）：39-45.

[3] 张志琛. 基于多情景模拟的武汉城市道路网络韧性评估与规划响应[D]. 华中科技大学，2022.

[4] 魏冶，修春亮. 城市网络韧性的概念与分析框架探析[J]. 地理科学进展. 2020，39（3）：488-502.

[5] 彭翀，陈思宇，王宝强. 中断模拟下城市群网络结构韧性研究：以长江中游城市群客运网络为例[J]. 经济地理，2019，39（8）：68-76.

[6] 梁鹤年. 内与外、大与小、凹与凸：一些城市与规划随想[J]. 城市规划，2000（9）：43-46，55.

绿色增长：陕北乡村聚落可持续发展框架与实践

面向区域城乡高质量发展的战略需求，以新的视角看待乡村收缩现象，转变"收缩即衰败"的传统线性思维，从乡村的循环生命周期角度探索"从主动收缩到绿色增长"的范式转换，围绕乡村收缩之后的资源再利用问题、乡土社会网络稳定问题、乡村文化保护传承问题，提出"资源善用—社会善治—文化善待"的可持续发展路径。

中国广土众民、地域特色鲜明、乡村风土各异，对于陕北乡村的可持续发展而言，重在生态、文化两个方面。本章选取两个典型案例进行实践探索以供讨论：一个是受地貌约束较大、需要兼顾局部收缩与全局增长的小流域乡村聚落体系，重在提出顺应分形地貌的迁并路径和整体布局优化方案；一个是红色文化遗产丰富，但受保护要求限制而长期发展迟缓、处于退行收缩的乡村个案，重在破解文化保护与产业发展的潜在制约关系，寻找以文化保护利用促进乡村转型发展的规划方案，使其从退行生命周期进入再生的第二生命周期。

6.1 生命周期视角下的乡村收缩新解

乡村收缩已经成为一个全球性议题，作为一种普遍过程，表现为人口总量的持续减少以及最终渗透到经济、社会、文化等各个方面，进而引发从硬件到软件再到思维的向下负向螺旋[1][2]。从全球各国的研究来看[3][4][5]，乡村收缩的原因和表现是互为一体的，主要集中在人口收缩（人口外迁与人口老龄化）、经济收缩（产业空心化）、空间收缩（土地利用规模减小、空废化住宅增多）三大方面。然而，从生命周期的长时段视角出发，上述乡村收缩现象是对过去到当下的特定时段（通常以10～20年为单位）的发展状态评估（即图6-1所示的阴影区），既缺乏面向未来的发展趋势预测，也缺乏对乡村个体收缩与乡村系统增长之间的比较性分析，对于收缩与增长的真实内涵同样缺乏深入辩证分析。

生命周期视角强调动态性、长周期、多维度、全局性地看待乡村。首先，动态性和长周期强调对乡村在发育、成长、成熟、退行、转型、再生等各个生命阶段的发展水平评估，以及对上述完整生命周期的发展潜力总和的评估。其次，多维度

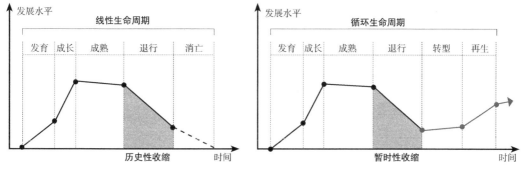

图6-1　两种不同的乡村生命周期

强调对乡村发展水平的评估要转变传统以经济为中心的绝对增长范式，主张兼顾经济、生态、文化、社会等多维度的协同发展。第三，全局性强调从系统角度评估聚落体系中处于不同生命阶段的、若干个乡村的发展水平总和，由此在论证乡村未来发展时以追求系统全局最优为导向，而不掉入局部生命阶段、单一发展维度、个体乡村水平的局限中。

6.1.1　乡村的包容性绿色增长

"包容性绿色增长"概念于2012年在"里约+20"联合国可持续发展大会上首度提出，是针对全球各国传统增长方式"绿色化"缺失和"包容性"不强而提出的新发展思路，是一种同时考虑环境友好和社会公平的可持续发展方式，在横向上兼具效率、公平、环保三重属性，在纵向上同时关注当代人和后世子孙共同的福利增长总和[6][7][8]。随后，联合国在2016年公布全球可持续发展目标后，各国结合实际国情与发展阶段，采取差异化的包容性绿色增长发展战略，广泛应用于城市乡村的可持续发展当中。

包容性绿色增长的本质蕴含着马克思主义绿色发展观，既要脱离早期因生产力水平低下而出现的"自然奴役人"现象，也要反对科技快速发展所导致的"人奴役自然"的发展方式，主张将显性的经济产出与隐性的生态成本、社会成本等进行综合考量。帕撒·达斯古普塔提出"包容性财富（Inclusive Wealth）"指数，反对传统经济增长观念及其统计模型中对资源损耗、生态代价、社会风险等隐性成本的忽视，将可持续发展的内涵等价为"生产力基础（productive base）不萎缩的发展模式"[9]，进而提出社会全纳财富的三类构成，即生产资本（produced capital）、人力资本（human capital）和自然资本（natural capital）[10]。

对于中国乡村而言，隐形的文化资本、生态资本、社会资本与生产资本、人力资本同等重要，在上述三类构成的基础上，调整形成面向乡村可持续发展的包容性财富五要素。如图6-2所示：（1）人力资本主要包括乡村的人口健康、技能、受教育程度等；（2）生产资本包括道路、住宅、耕地、矿产能源、集体厂房、机械设备等；（3）生态资本包括林地、草地、水资源、荒野地等；（4）文化资本包括各类文化景观、遗址遗迹、红色文化、民俗文化、非遗传承人等；（5）社会资本包括乡规民约、宗族网络、社会关系、集体生产与分配制度等。在这一框架下评估乡村发展水平、研判未来发展路径，则一些乡村可以从经济、产业维度的表

图6-2　面向乡村可持续发展的包容性财富五要素

象收缩转变为生态、文化维度的内涵增长，个体乡村的局部收缩甚至自然消亡，也可以换来它所在的整体乡村系统的全局增长。

6.1.2 从表象收缩到内涵增长

从乡村的包容性财富五要素来看，当前对于乡村收缩的测度是以常住人口、产业经济、土地规模、空间增量等显性要素为指标，即人力资本和生产资本的萎缩，然而这种看得见的收缩至少存在两种情况：一种是"历史性收缩"，即乡村消亡之前的真实性萎缩，由人口、产业、空间等导致的乡村社会空心化等问题，最终促使乡村走向自然消亡，完成线性生命周期；另一种则是"暂时性收缩"，即乡村转型前的表象收缩，这种收缩现象放在长时段的循环生命周期来看，只是一个过渡阶段。此时最关键的在于是否能找到乡村转型的契机，这就需要规划、策划、政府、投资等多方团体从外部介入，盘点乡村在文化、生态、社会维度的资产，通过对生态资本的核算交易、对文化及社会资本的整合利用等多种方式，为乡村的转型发展寻找内生动力，从而将暂时性的表象收缩转化为内涵增长。例如，对于一些历史文化名村而言，遗址遗迹等文化资源在某一时期可能因其保护要求而限制了当地工业、农业等发展机会，但通过转型阶段的文旅融合探索，这些文化资本就可以兑现为旅游产业及其带来的服务类就业岗位、个体民宿经营、非遗文创产品等收益。

所谓内涵增长，除了为乡村提供转型发展路径，还包括对于"量"与"质"、"绝对增长"与"相对增长"的辩证认识，在生态文明建设、人文经济思想的引领下，转变传统增长思维，深刻把握可持续发展的要义。如图6-3（a）所示，传统快速经济增长是以看不见的成本损耗为代价的，无论是城市扩张还是乡村发展，用以统计和表征的增长指标都采取"量"的绝对增加值，如土地与空间的建设增量、基础设施建设增量、产业增加值等；然而，将发展过程中损耗的生态、资源、环境、文化

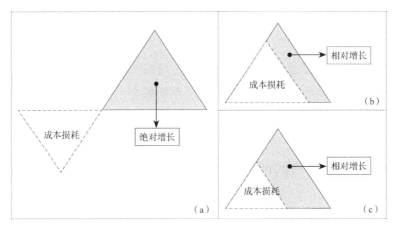

图6-3　绝对增长与相对增长的范式转换

等隐形成本进行核减后，所得的"相对增长"才是真实的发展水平，如图6-3（b）所示。更进一步，如图6-3从（b）到（c）的过程示意，即使在绝对增量不变的情况下，通过减少成本损耗的方式，依然可以实现相对增长部分保持缓慢增加的趋势，此为内涵式增长的另一层含义。

综上，真正的可持续发展需要我们从追求"量"的绝对值提高，转向追求"质"的内涵品质提升，从追求"向外扩张"的增量增长，转为"向内提升"的增效增长。内涵增长强调的是以后世子孙的全部人类福祉为目标，在当前发展阶段注重生态、资源、健康、文化、社会等隐形成本的控制与减少，在相对增长可以满足当代人发展需求的前提下，以保护生态、文化等方式促进整体人居环境品质的提升，为传统增长范式补充价值、精神等品质维度。

6.1.3　从局部收缩到全局增长

已有研究逐渐形成的共识在于，乡村的收缩与增长并非必然的一对矛盾关系，而是在一定条件下可以相互转换、并驾齐驱的一对发展关系[11][12]。如上节所述，对于"短暂性收缩"的乡村个体而言，收缩与增长的关系可以通过转型发展实现彼此转换。针对"历史性收缩"的乡村个体而言，首先承认该类乡村不可避免的自然消亡趋势。在此前提下，一方面做好乡村个体在消亡过程中的"临终关怀"，降低人口迁并可能带来的社会网络关系解体风险，做好空废建筑、基础设施等建成物质材料的回收回填，避免或降低对村域生态系统的负面影响；另一方面则需要积极探索个体乡村局部收缩与乡村系统全局增长之间的辩证关系。

具体而言，个体消亡的妥善处置关系到整体乡村系统是否仍是增长的，从前述"乡村包容性财富五要素"来看，个体乡村的收缩与消亡并非凭空消失，而是可以转化为生态、社会等其他资本，并在整体乡村系统中进行分配和再利用。比如退宅还耕、退村还绿等一些生态恢复举措，既可以为临近其他乡村发展规模化农业生产提供预留空间，也可以为其所处的乡村系统提升整体生态服务功能。更进一步，通过探索乡村生态资产核算及其指标交易制度，可以将消亡的乡村个体所产生的生态资本增量进行交易，将收益所得核算为乡村发展基金、用地指标等多种形式，即可纳入整体乡村系统的可持续发展计划中。

6.2 基于包容性绿色增长的可持续发展框架

6.2.1 基本原则：三因制宜

对于乡村可持续发展而言，"三因制宜"强调因时、因地、因财制宜。第一，所谓因时制宜，即与区域、城市、乡村各级人居环境发展原则一致，既需要审视宏观层面的时代发展趋势，也需要审视中观层面的自身发展周期，例如处于成长期的乡村和处于退行期的乡村，前者需要增量式发展，后者则需要内涵式发展。第二，因地制宜强调乡村所处的地域性，包括自然地理的地域性特征和社会人文的地域性特征，前者表现为乡村所处的地域气候、地理景观、农业类型等，后者表现为不同地域的乡土民俗、社会模式、建筑风貌、匠作体系等，例如江南地区与东北地区的乡村，无论是产业类型、乡村景观还是公共空间治理、社会组织模式等，都需要因地制宜选择不同的类型与发展路径。第三，所谓因财制宜是根据包容性财富五要素摸清乡村的各类发展资本。不同乡村所具备的资本类型及可利用资源不同，据此制定适宜乡村资源条件的发展方案。

当然，在此过程中往往离不开因时制宜的第一原则，不同的资源条件只有在契合时代进程的情景下才能得到充分发展。例如传统工业城镇化背景下，陕北、东北等地矿产能源丰富的乡村得到了快速发展，在当前的双碳背景下，此类乡村则需要积极探索转型路径；而以往区位偏僻、缺乏工业化发展但因此保留了原生态环境的乡村，则应充分挖掘利用乡村的生态文化资源，探索减碳增汇、碳汇指标交易等"碳中和新乡村"的发展模式。此外，对于文化遗产资源丰富的乡村，应该跳出遗产保护与工业发展的相互制约悖论，转而探索文化遗产资源的间接利用方式，利用规划、建筑、旅游策划等咨询工具，解决保护与发展的潜在冲突，全面升级乡村文旅融合发展模式，实现文化遗产保护与乡村产业振兴的相互促进与协同发展。

6.2.2 可持续路径：资源善用—社会善治—文化善待

结合"三因制宜"原则，以及"资源善用—社会善治—文化善待"的发展路径，构建形成基于包容性绿色增长的乡村可持续发展框架（图6-4）。具体要点如下：

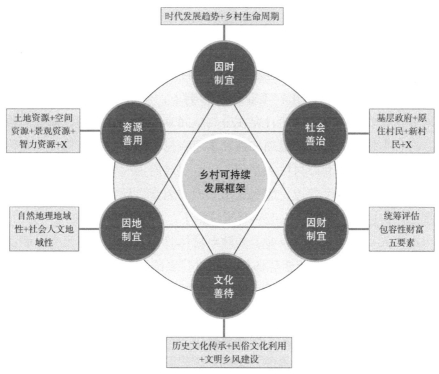

图6-4 基于包容性绿色增长的乡村可持续框架

一是资源善用，包括对土地资源、空间资源、景观资源、智力资源等多类型资源的挖掘与利用。其中，土地资源包括乡村中的耕地、林地、草地、宅基地、弃置地、未利用地等不同类型；空间资源则包括各类用地上的建成物质设施，如住宅、道路、灌渠、学校、工厂、活动中心等生活及生产设施；景观资源主要指乡村所处更大尺度地域的自然山水景观、历史人文景观、重要人物事件等；智力资源包括从乡村走出去的、从外面走进乡村的各类技术人才、艺术学者、研究专家等。对土地资源的善用要遵循"地尽其用"的原则，例如结合耕地保护政策，探索弃置宅基地、未利用地的退宅还耕制度；结合"鱼稻共生""稻鸭共育"等循环农业模式以及速生树种种植工程，探索耕地林地的高效利用与生产性碳减排。对空间资源的善用主要结合乡村收缩转型、乡村更新改造等过程，探索已有建成空间的低成本高效率改造模式，充分利用乡村规划师、乡村建筑师制度，结合乡村的真问题、真需求进行改造与更新。反对乡村改造过程中的城市化倾向，如乡村咖啡馆、艺术馆等建筑设计（往往沦为外来猎奇游客的临时打卡点）。乡村建设的真需求往往暗含在乡村特有的、必备的、长期保留的公共活动中，例如能够牵动全村之精力的红白喜事，其往往需要临时搭建用于宴请宾客的"大棚"类构筑物，建筑师可以结合乡村所处地域环境、聚落景观特征等要素，探索适宜于乡村环境和需求的临时构筑物，甚至形成一种新的乡村建筑类型及模式语言。对于景观资源的善用强调跳出乡村村域边界，从关联地域山水景观、接续历史人文脉络的角度，将大尺度区域中的景观资源纳入乡村的空间规划、项目策划。对于智力资源的善用则是从乡愁角度吸引走出去和走回来的各类人才，为乡村发展注入项目、资金、人流等创新活力要素。

二是社会善治。在城镇化、工业化的影响下，乡村面临的现实问题不仅是人口、土地等物理要素的收缩，而且存在公共空间衰败、社会结构萎缩等风险。在全面善用乡村各类资源的同时，亟须加强和重建乡村的社会组织结构。中国传统乡村聚落长期积累形成了一套以村民为基础、以基层政府为引领、以乡绅能人为中枢的社会自治体系。然而村民外流、能人迁出等现实因素，导致自治体系的广泛基础与中坚力量正在快速萎缩。在乡村振兴政策背景下，需要巧妙借助前述"智力资源"，引导城市退休人员、外来投资企业、入驻乡村体验生活的自由或半自由职业者等一系列"新村民"，激活各类社会群体作为新时代乡绅的带头作用、桥梁作用、示范作用，补充更新原有乡村自治体系，形成"基层政府+原住村民+新村民"的公共组织。对于现实中已经自发形成的新村民及其乡建活动，当地基层政府应及时关注并做好新村民融入乡村的保障工作，例如新村民与原住民自主签约民居改造所涉及的法律问题等。在社会善治的过程中，关键是梳理既有的乡规民约，去其糟粕，留其精华，在乡村现代化治理中逐渐实现人治与法治相结合的适变从宜体系，使其既适应乡土社会的传统与实际，又顺应法治国家建设的总体要求和必然趋势。

三是文化善待，包括对乡村历史文化的保护与传承，对乡村民俗文化的创新性发展与利用，以及文明乡风、良好家风、淳朴民风的现代文明乡村建设。第一，对于乡村历史文化的挖掘、保护与传承，不仅有利于提高乡村社会的文化认同与凝聚力，而且有条件成为乡村转型发展的重要文化资本，只有将历史文化融入乡村的经济发展、日常生活、空间建设当中，才能使其永葆文化活力。第二，民俗文化是村民日常生活经验与智慧的重要结晶和载体，也是乡村地域性特色的核心内容之一，对于民俗文化的创新性发展和利用往往可以成为乡村的新业态，例如陕北乡村剪纸艺术广泛应用在建筑装饰、特色美食、服装设计等领域，打铁花、打腰鼓等民俗活动则成为具有标识性的乡村旅游景观。需要强调的是，无论是历史文化还是民俗文化的保护传承，关键在于村民主体、公共活动等各类文化载体的保护。第三，在现代文明乡村建设中，重点在于结合"社会善治"的体系重构，通过修编乡规民约、续写宗族家谱、建设文化礼堂等方式，引导乡村在加快经济发展、提升人居环境的同时，建设向善、向上的精神文明内核，如此营造形成的文明气象自然也会不断吸引各类资源要素向乡村集聚。

6.3 生态适应导向的聚落体系优化：以龙镇沟小流域为例

6.3.1 聚落概况及分形特征

　　龙镇沟小流域属于马湖峪河流域的02号支沟，地貌和聚落分形拟合度较高，故选作本章实践案例。龙镇沟小流域总面积约为49.5km²，属于米脂县龙镇的行政范围，包括11个行政村和31个自然村，总人口约为9300人。从流域内聚落分布现状及其坡度坡向来看（图6-5~图6-7），聚落分布的坡度以0°~15°为主，流域主沟西岸的聚落多分布于东南—西南方向的阳坡，流域主沟东岸的聚落多分布于东北—西北方向的阴坡。

图6-5　龙镇沟流域聚落分布

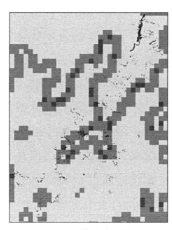
图6-6　聚落分布坡度图

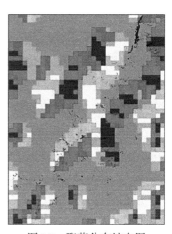
图6-7　聚落分布坡向图

　　从龙镇沟所属的马湖峪河流域整体分形特征来看：马湖峪河流域内的聚落分布呈现较为明显的"主脉串支脉"特征，在结构上偏线性与分枝集中式，在具体支沟流域的分布形态上较为分散，其中龙镇沟在地貌发育、聚落分布上与整体流域的分形特征基本一致。此外，流域内的聚落分布对河谷内的平地和沟壑之间的凹地依赖性较强，在坡地选址的聚落较少。根据分维数据来看，整体流域的聚落形态分维是1.32，支沟流域的聚落分维从0.8到1.6不等，跨度较大，主要在于各条支沟的发育程度不同。根据较为理想的"地貌—聚落"分维关系，初步推测流域内整体聚落的形态分维应在1.45左右，即在形态上需要强化"支脉串联聚落"的特征。

6.3.2 现状问题与优化目标

　　从景观生态学的视角分析，村镇聚落和其周围的生态环境可以分别看作"人居缀块"和"生态缀块"，黄土高原特殊地貌所导致的"人居缀块"散布情况，使得原本完整的"生态缀块"破碎为小面积缀块。根据"缀块大小"原理，小缀块不利于物种丰富度，生物灭绝率高，而大面积自然植被有利于生态环境保护和物种存活[13]。对应马湖峪河流域的聚落现状而言，其分布结构在整体上虽然呈线性分枝，但依托于高等级河谷分布的线性特征处于主导地位，在次级分枝中的聚落较为分散。根据上述缀块原理，分散的聚落不利于生态环境的保护。

从城乡聚落的发展演变来看，分形的城乡系统实则是一种从个体到群体的大多数相似性决策和极少数偶然突变情况下的演进产物。迈克·巴迪认为这种系统的属性更趋近于生物性系统。因此，在这种系统的演进过程中，随着自下而上的多重决策，往往涌现（emerge）出规律性的和特异性的空间特征，这些空间特征便可以用分形来描述。从城乡聚落的土地形态来看，聚落在大地上的延展不可能将每一寸土地完全填充，聚落边界扩展所及的范围之内，一定是建设用地和非建设用地共存的状态，如同有空隙的类海绵组织。这种情况下，分形形态和分维值就可用于描述聚落在延展范围内的土地填充度。对于聚落的分形优化也包括这两方面：选择合适的分形形态和分维值是优化的关键所在。

从理想分维值的角度分析，马湖峪河流域整体聚落的分维值为1.32，与理论上的聚落理想分维1.701相比距离较小。然而深究这一理论值来源，则是巴迪和隆利教授在测算了全球大量城市分维后，根据分维表中的数据平均趋向和单体城市（柏林和伦敦）的分维变化规律总结而来[14]。这一理论值在宏观上具有一定的适用性，在针对某一个例的研究中则稍显笼统。从巴迪和隆利教授的全球城市分维表中可以发现（表6.1），中国台北和日本东京的城市形态分维分别是1.390和1.312，即使认为这两座城市在当时并非理想分形状态，但其分维值也可以说明一定问题，即在多山丘陵地貌下的聚落形态分维低于平原地貌下的聚落形态分维。因此，对于马湖峪河流域的聚落形态分维而言，其理想值也应低于1.701。同时，结合前面对于"地貌—聚落"分维关系的研究可以推测，耦合于流域地貌的聚落分维应在1.45左右。考虑到该分维值也是模糊推测得来，因此在优化中，将考虑在该值的基础上上下浮动5%，得出一个适宜的聚落分维区间[1.37 ~ 1.53]。

全球城市形态分维举例　　　　　　　　　　　　表6.1

城市	年份	分维值	城市	年份	分维值
奥尔伯尼（Albany，美）	1990	1.494	墨西哥市（Mexico City，墨）	1981	1.760
北京（Beijing，中）	1981	1.930	莫斯科（Moscow，俄）	1981	1.600
柏林（Berlin，德）	1980	1.730	纽约（New York，美）	1960	1.710
波士顿（Boston，美）	1981	1.690	巴黎（Paris，法）	1981	1.660
布达佩斯（Budapest，匈）	1981	1.720	匹兹堡（Pittsburgh，美）	1990	1.775

续表

城市	年份	分维值	城市	年份	分维值
布法罗（Buffalo，美）	1990	1.729	波茨坦（Potsdam，德）	1945	1.880
加的夫（Cardiff，英）	1981	1.586	罗马（Rome，意）	1981	1.690
克利夫兰（Cleveland，美）	1990	1.732	首尔（Seoul，韩）	1981	1.682
哥伦布（Columbus，美）	1990	1.808	斯图加特（Stuttgart，德）	1981	1.410
埃森（Essen，德）	1981	1.810	悉尼（Sydney，澳）	1981	1.820
危地马拉（Guatemala，中美）	1990	1.702	叙拉古（Syracuse，美）	1990	1.438
伦敦（London，英）	1981	1.720	台北（Taipei，中）	1981	1.390
洛杉矶（Los Angeles，美）	1981	1.930	汤顿（Taunton，英）	1981	1.636
墨尔本（Melboume，澳）	1981	1.850	东京（Tokyo，日）	1960	1.312

来源：参考文献[14].

为了突出个案的适宜性与针对性，将上述马湖峪河流域整体优化的分维目标确定方法再次应用于龙镇沟小流域，其现状地貌分维和聚落分维分别是1.64和1.28，则在地貌分维不变的条件下，优化后的龙镇沟小流域聚落分维应在1.39左右，且上下浮动得到[1.32～1.46]，符合马湖峪河流域的整体优化分维区间，以下将以分形维数的目标区间和"地貌—聚落"形态耦合图示共同作为布局优化的评判依据。

6.3.3 优化模型与技术路径

（1）优化原则

有学者根据马湖峪河流域的水文特性，提出该流域的治理应以固定河道、防护村庄、发展两岸经济为主，尤其在龙镇沟河段，应提倡等高耕作、沟垄种植、陡坡育林等农耕方式[15]。结合该治理观点以及景观生态学、城乡规划学等理论，首先提出龙镇沟小流域聚落分形优化的两条基本原则。

第一，将河谷用地优先选作耕地或自然景观用地。沿河地带是陆地生态系统向水生生态系统的过渡区，属于"生态环境交错带"，环境异质性强，具有生态学的"边缘效应"，能为物种提供多样性的栖息地和迁徙走廊，有利于维护生物多样性[16]。马湖峪河流域内河谷纵横交错，雨季时期水资源较为充沛，是陕北特殊地貌赋予的天然生态廊道，不管对于农耕还是动物迁徙而言，都具有良好的生态效应。因此，从城乡聚落的长远发展和人与自然的和谐关系来看，应当秉承生态文明优先的原则，将尚未建设的河谷用地优先保留为耕地或自然景观用地，对已有的河谷聚落进行适当的迁并调整，保证河谷聚落之间有一定的农田或自然景观分隔带。

第二，将5°～15°的缓坡地作为居住适宜用地。陕北地区地貌特殊，单纯追求平坦用地是一种不切实际的行为。现有聚落中已有部分处于5°～15°的缓坡地，多为原生聚落发展至一定规模后迁并而成，且大多数得益于扶贫政策。这种区位的聚落不仅得到附近的缓坡地作为耕地资源，同时在传统择居理念上也符合坐北朝南、缓坡环抱、高不近阜、低不近水的良好"风水"格局[17]。由此可见，选择缓坡地不仅是缓解紧张人地关系的有效做法，而且有助于开辟缓坡耕地资源、减少河谷的洪水威胁，还有利于形成阳光充足、通风良好、高低错落、前后有致的聚落景观。马湖峪河流域总体上地势起伏不大，坡度在0°～20°之间。参考《城市用地竖向规划规范》CJJ 83-2016中关于居住用地的适宜规划坡度区间，结合马湖峪河流域的地貌实际情况，确定坡度在0°～5°的河谷地优先考虑为耕地及自然景观适宜用地，坡度在5°～15°的土地为居住适宜用地，坡度在15°～20°的土地为可改造居住用地或林地。

按照上述两条基本原则，叠加聚落分布的坡度图和坡向图，对需要进行迁并的聚落进行标记，形成布局优化的初步草案（图6-8）。以该草案为基准，采用多尺度分形城市模拟方法（MUP-City）建立龙镇沟小流域聚落体系的分形优化技术路径。

（2）优化路径

首先，根据前述提出的两条基本优化原则，对需要进行迁并和区位调整的聚落进行标记，形成布局优化的初步草案（图6-8）。其次，以该草案为基准，采用"多尺度分形城市模型（MUP-City）"，模拟得出可建设细胞（即优化后可选择的聚落点）。进而结合MUP-City模型中的开敞空间可达原则、道路邻近原则，以及本章优化原则提出的用地选择标准，综合确定新的聚落选点，并将已标记的聚落迁并至最近的选点处。最后，以优化后的"地貌—聚落"形态叠加图和优化目标提出的理想分维区间为依据，共同评判优化方案是否达到预期，整体技术路径见图6-9。

（3）优化模型

在一定区域范围内，聚落的适宜分形形态与多种因素相关，包括地形地貌、道路、人口、经济、政策等自然因素和人文因素。由于经济、政策等因素的复杂多变和难以度量性，已有研究中对于聚落的分形优化主要考虑地貌、交通以及人口因素。虽然目前国内外有关城乡聚落分形研究的内容多集中于对现状的分析和评价，但在分形优化方法上也有少数学者进行了尝试与探索，包括Cécile Tannier等人的MUP-City（多尺度分形城市模拟）和陈彦光教授改良的Koch模型法。

Cécile Tannier、Gilles Vuide、Hélène Houot等人在2012年的《环境与规划》（*Environment and Planning B: Planning and Design*）上发表论文，提出了一种以分形原理模拟城镇化选择路径的模型——MUP-City模型。该模型是一种基于分形城镇化原则的、用于辨别适宜城镇化地区的计算机应用软件[18]。目前该软件已经广泛应用

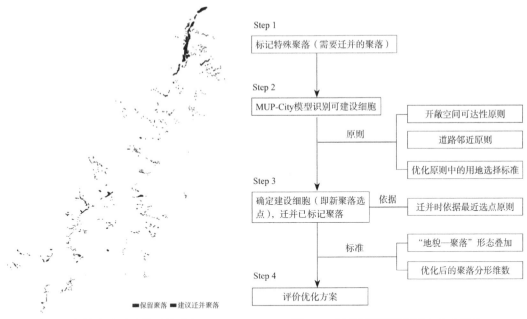

图6-8　龙镇沟流域聚落迁并意向

图6-9　龙镇沟流域聚落优化技术路径

于法国城市的郊区城镇化路径选择以及国内分形城市领域。

　　MUP-City模型的基本工作原理基于以下认知：城镇化的空间分形选择路径和未来发展模式的分维选择路径具有内在一致性。这种路径选择具体由每个网格中可以转化为建设用地的最大细胞数N_{max}以及迭代因子r来决定[19]。因此，该模型的优化前提是基于现状城镇空间的分形特征，通过优化引导得出适宜城镇化的用地选点，在选点之内再结合道路、开敞空间可达等原则进行筛选，从而在原生的分形城镇空间中再生并融合出更优的布局方案。该模型在具体操作中与前面应用的网格法测算分维值类似，不同之处在于，对每一个尺度上的网格按照不同情况进行了分类并赋予属性，具体步骤如图6-10所示。

　　首先，用一个正方形将研究区域完全覆盖，根据选定的迭代因子r对该正方形进行网格划分，如当$r=3$时，则在第一次划分中将正方形分为$3 \times 3=9$个网格，即对正方形的各条边进行三等分，如此类推，便可对网格进行无限划分。

　　其次，将每一次划分完成的正方形网格覆盖于研究区域之上，观察研究区域中聚落占据网格的情况，Cécile Tannier等人在介绍中将有聚落占据的网格定义为已建设细胞（Built cell），将没有聚落占据的网格定义为非建设细胞（Nonbulit cell）。根据设定的每个网格内最大可建设细胞数N_{max}，将网格中的非建设细胞再次细分为可建设细胞和不可建设细胞。划分依据为：（1）当在尺度层级i_1的网格中，已建设细胞数目＞最大可建设细胞数N_{max}，则该尺度层级中不能增加新的可建设细胞；（2）在尺度层级i_1的网格中为非建设状态的细胞，在下一尺度层级i_2的网格中将属于

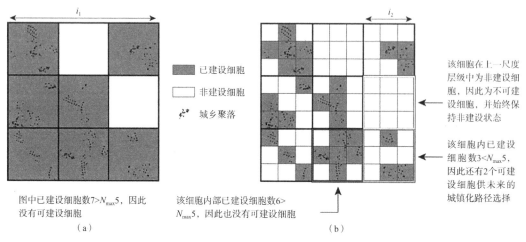

图6-10   设定$r=3$，$N_{max}=5$的分形模拟应用示意

不可建设细胞，即始终保持为非建设细胞；（3）在尺度层级i_1的网格中为已建设细胞的，在i_1的网格中经过细分后，其中已建设细胞数目＜最大可建设细胞数N_{max}，则在该细胞中有可建设细胞，可建设细胞的数目即为最大可建设细胞数N_{max}减去已建设细胞数目。

陈彦光教授的Koch模型法在重庆大学赵珂的博士论文中与位序分形优化方法相结合，被应用于成都市新都区的城乡聚落等级体系优化[20]；MUP-City模型法则在法国城市郊区的聚落优化中有所应用。相较而言，前者主要针对具有镇–村等级的聚落体系，需要和位序分形优化方法配合应用。后者主要针对郊区聚落的分形优化路径选择，在方法上以分维数据配合网格图形筛选而更具直观性，在内容上适用于同一等级聚落。考虑到龙镇沟小流域只有村级聚落，且本研究的主要出发点在于聚落与流域地貌关系而非行政等级关系，故在分形优化方法上选择MUP-City模型法。

需要说明的是，在Cécile Tannier等人的论文原文中，有四条选择可建设细胞位置的具体原则，包括开敞空间可达原则、日常商业服务点可达原则、每周使用商业服务点可达原则、现状路网的可达原则。考虑到本课题研究对象的特性，在优化方案中，对于可建设细胞的选择依据包括两条：开敞空间可达原则和现状路网可达原则，即可建设细胞的优先选择位置应为：（1）邻近已建设细胞且不阻断已建设细胞与开敞空间的连通，即目标细胞应选择在已建设细胞和非建设细胞之间；（2）应选择在已有路网交叉区域或尽可能地靠近已有路网，即目标细胞应选择在路网密度较高的区域。

为了筛选方便和图示清晰，在MUP-City模型法的具体操作中加入以下改良步骤：（1）在尺度层级i_1网格中确定为始终不可建设细胞的，以"×"表示该细胞属性，并在下一尺度层级i_2的网格中将其删除；（2）在尺度层级i_1网格中确定为可建设

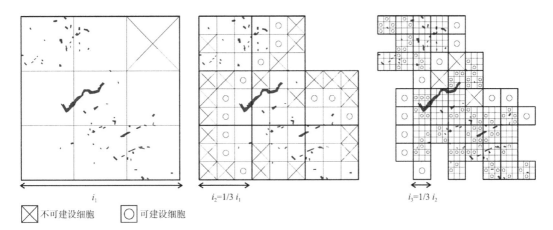

i_1

$i_2=1/3\ i_1$

$i_3=1/3\ i_2$

☒ 不可建设细胞　　○ 可建设细胞

图6-11　MUP-City模拟步骤改良

细胞的，将其保留，以"○"表示该细胞属性（图6-11）。

6.3.4 优化过程与结果

为达到[1.32～1.46]区间中的理想分维，根据MUP-City模型法的计算原理，得出对应于龙镇沟小流域聚落分形优化的尺度因子和最大可建设细胞数可选用[$r=3$，$N_{max}=5$]、[$r=6$，$N_{max}=11$]两组数据，为了操作简便，选择以第一组数据作为优化指标。

以龙镇沟小流域聚落的分布现状为基底，选用恰好覆盖完全的正方形进行覆盖，对该正方形进行第一个尺度层级的网格化，即将正方形各边三等分，得到9个细胞。由于其中已建设细胞数为7大于最大可建设细胞数N_{max}(=5)，因此将2个不可建设细胞删除，并对已建设的7个细胞继续进行下一尺度层级的网格化，得到63个细胞。根据开敞空间可达原则对63个细胞进行识别，得到不可建设的细胞有18个，可建设的细胞有14个，对可建设细胞进行"○"的标记，同时将不可建设细胞删除，继续进行剩余31个已建设细胞的网格化。依次类推，进行五次细胞的网格化，得到所有可进行建设的细胞。在此基础上，叠加流域内现状道路（包括硬化道路和非硬化村路），根据邻近道路原则以及各个单位网格内需要建设的细胞数（即最大可建设细胞数N_{max}减去该网格内已建设细胞数），对可建设细胞进行初次筛选（图6-12）。

根据上述原则筛选所得细胞属于纯粹分形理论下的聚落分布可选路径，此外还要结合地貌坡度、坡向等原则对其进行聚落迁并的路径选择：（1）由于上述可建设细胞是在对流域聚落的完全覆盖下得到，会产生一部分超出流域范围的细胞，因此首先将超出流域范围的细胞进行剔除；（2）将流域边界内的可建设细胞与地貌的坡向与坡度分析图进行叠加，去除坡度在20°以上的细胞和位于东北—西北的阴坡范围内的细胞；（3）将剩余可建设的细胞与流域沟谷线进行叠加，去除2级河谷双侧50m缓冲区、3级河谷双侧30m缓冲区以及4级河谷双侧10m缓冲区内的细胞；

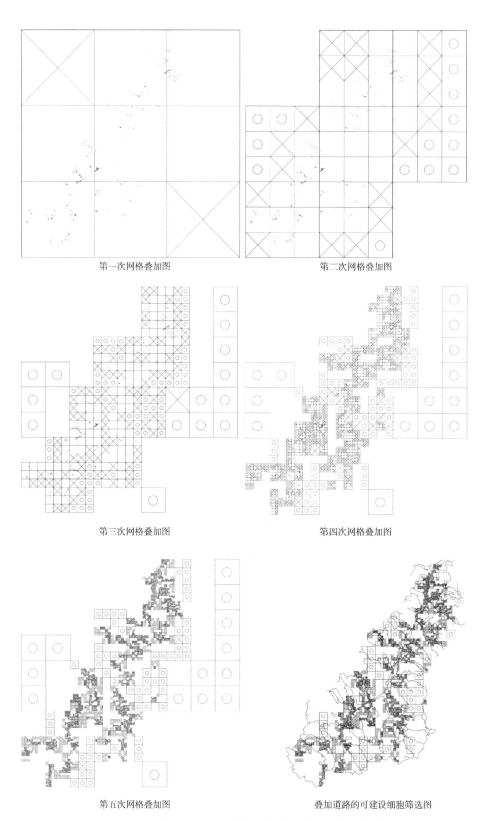

第一次网格叠加图

第二次网格叠加图

第三次网格叠加图

第四次网格叠加图

第五次网格叠加图

叠加道路的可建设细胞筛选图

图6-12   基于MUP-City的龙镇沟小流域聚落优化步骤

■迁并聚落可选用地 ■保留聚落

图6-13 龙镇沟小流域聚落迁并的用地选择

（4）考虑聚落的规模情况，剔除分布零散的单独细胞群簇，得到最终的可建设细胞图，作为聚落迁并的用地选址（图6-13），并结合迁并至最近选址的原则对龙镇沟流域的聚落迁并进行整理，得出备选迁并方案（表6.2）。

龙镇沟聚落迁并方案

表6.2

保留村庄	需迁并村庄	迁至村庄/选点	备注
曹山村	寨山村	曹山村	加粗名称为部分迁并的村庄
艾家峁村	曹渠村	艾家峁村、大井沟村	
大井沟村	大坪村	马渠村、赵新庄村、小李新庄村	
冯庄村	龙峁村	牛卧山及其北侧	
马渠村	新窑沟村	赵新庄村以东	

保留村庄	需迁并村庄	迁至村庄/选点	备注
小李新庄村	**李家山村**	赵新庄村以西	
牛卧山村	前中庄村	三旺庄村、陈家塌村	
赵新庄村	后中庄村	与柳八亮村之间的新选点	
陈家塌村	柳八亮村	与后中庄村之间的新选点	
小崔窑村	高粱山村	柳八亮村与后中庄村之间的新选点	
李家山村	**小刘沟村**		
三旺村	**任兴庄村**		
老榆山村	**大峁村**	重新整合至聚落之间的新选点	
大峁村	**张寨村**		
庄口塌村	牛草山村		
白渠村	**张兴庄村**		加粗名称为部分迁并的村庄
张渠村	**白渠村**		
张寨村	**张渠村**	白道峁村	
小刘沟村	孙渠村		
张兴庄村	堡疙瘩村	房界村以北	
中山峁村	东坪塌村	后塌村	
王兴庄村	房界村	后塌村	
老庄村	—		
白道峁村	—	—	
丰富塌村	—	—	
后塌村	—	—	
房界村	—	—	

需要说明的是，上述一系列操作过程系人工手动完成，因此经过筛选后得出的聚落迁并用地选择图并非最终的聚落建筑组合形态，而是用于聚落迁往的用地选择，实际的聚落建筑落地则需要对图中的可建设细胞进行更细致的网格划分和筛选，当划分所得细胞的尺度接近于建筑尺度时，则基本可以得出聚落迁并后的具体形态，这一工作结合计算机模型编程可以得到。

6.3.5 优化评价与小结

首先，从分布形态角度对龙镇沟聚落优化前后展开对比，可以发现：（1）优化后的聚落分布整体上依然延续原有聚落分布的基本结构，一方面保证了原有聚落与地貌的内在关联特征，一方面尽可能减少了聚落的搬迁和重新选点；（2）优化后的聚落分布呈现"大分散小集中"的特点，较优化前的零散分布形态更集中（图6-14）。

其次，采用网格法对优化后的聚落分布形态进行分维测算，得出优化后的聚落形态分维D=1.34（表6.3，图6-15），属于优化的目标分维区间[1.32～1.46]。从具体数据来看，模型操作中参照的优化指标[r=3，N_{max}=5]对应的分维值是1.46，而优化方案的分维是1.34＜1.46，这一结果出现的原因有：（1）1.46的分维值对应的是严格按照MUP-city模型的分形原理优化所得方案，而在具体过程中，除分形原理之外，还参照坡度、坡向、道路等对可建设细胞进行多重筛选，而以上原则中涉及的地形、道路等因素因实际情况而不同，这就造成了实际优化所得方案的分维几乎不可能完全吻合模型设定的分维值；（2）MUP-city模型是一套基于软件模拟的严密程序，由于资源获取问题，本课题中以人工操作完成具体的优化过程，且优化尺度尚未达到建筑的尺度层级，因而所得分维值存在一定的人工误差。总体上来看，虽然优化后的聚落分维在目标区间中偏小，但相较于聚落现状分维1.28有所提高，表明在分布上更趋于均衡，同时也验证了MUP-city模型在对聚落的分形优化中具有实际的可应用性。

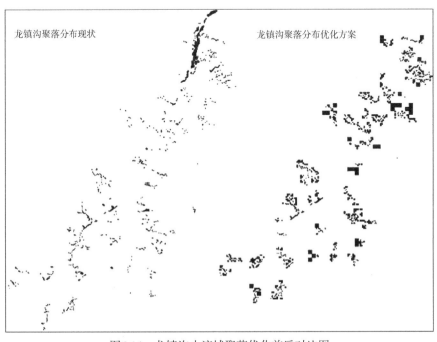

图6-14　龙镇沟小流域聚落优化前后对比图

优化后聚落网格分维测算数据   表6.3

网格大小（r）	非空网格数（N）	ln（r）	ln（N）
2	1522	0.693147	7.327781
4	570	1.386294	6.345636
8	218	2.079442	5.384495
16	86	2.772589	4.454347
32	32	3.465736	3.465736
64	13	4.158883	2.564949
128	5	4.85203	1.609438
256	2	5.545177	0.693147
512	1	6.238325	0

来源：作者自绘

以本节借鉴的MUP-city模型法为例，分形方法与传统规划思路对于聚落空间优化的方案探索具有较大的不同，主要包括考量因素、优化原理、优化尺度等方面，同时二者的具体内容中也存在本质类似的地方。

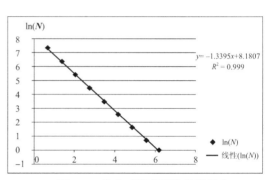

图6-15   优化后聚落网格分维拟合

分形方法与传统规划思路的比较   表6.4

	不同点			相同点
	考量因素	优化逻辑	优化尺度	
分形方法	开敞空间、道路等硬性环境指标	"反向淘劣"	建筑尺度	分形方法中根据一系列筛选条件进行空间淘汰的过程，与传统规划中的土地适宜性评价在本质上类似
传统规划思路	硬性环境指标+软质因素（社会关系、风土文化等）	"正向择优"	"村"或"组"的单元尺度	

如表6.4所示，首先，在考量因素方面，分形优化模型主要从地貌适宜性角度出发，考虑包括坡度、坡向、河谷安全距离及近路原则等硬性环境因素；而传统规划思路除了将聚落空间本体及其周边环境作为考量因素外，聚落行政等级、规模、聚落中的"人"及其"社会关系""风土文化"等软质因素也在考量中占据较大比例。其次，在优化逻辑上，二者比较而言，分形方法是"反向淘劣"的剔除过程，即在一

系列限制条件下不断筛选，如本章优化案例中，从"开敞空间可达"条件下的筛选，到"道路邻近"条件下的筛选，再到"河谷缓冲区"条件下的筛选等，总计6次筛选得到方案；而传统规划思路一般则倾向于"正向择优"的逻辑过程，即以现状聚落空间及周边环境为本底，基于硬质与软质的综合因素考量，寻找适宜的迁并点，继而形成迁并方案。再次，从优化尺度来看，本章所借鉴的分形模型可以将聚落空间的迁并方案细化至建筑尺度，而传统规划方法下的聚落空间优化一般可达到"村"或"组"的尺度，基本相当于建筑群尺度，这也是两种方法的较大差别。但是，无论是分形还是传统规划思路，其本质内容也有部分类似，如分形模型中依据不同筛选条件进行剔除的过程，与传统规划中的土地适宜性评价在原理和目的上相近。

　　总之，本节采用的分形优化模型更倾向于将"聚落"看作自然的有机体，对原有空间分形特征进行挖掘（类似规划语言中的"聚落基因提取"），基于该特征进行优化，或使其分形特征更加完整，或使其分形特征中的适宜部分更加突出。诚然，目前探索的分形规划方法具有视角创新性及一定可行性，但也有其局限性和不足之处。相较于传统规划思路对社会及行政关系的考虑而言，目前的分形方法对该类软质因素的考量较少。由方法原理推测，从国外引入的分形模型基于地貌和现状聚落分形特征，在地域范围上大多以地理边界为划分依据，而非中国特色的行政单元，因此很难根据行政等级区分聚落规模等指标。

　　从目前的研究进展来看，分形理论与方法主要是从物质空间形态方面对传统城乡规划思路进行补充。因此，作为辅助，应结合传统规划思路及工作框架，对分形的应用模型进行改进和完善，探索如何将地域文化、社会关系等因素融入方法体系，以及如何对聚落的行政等级与规模进行优化，从而更好地应对中国城乡聚落的规划研究与实践。

6.4 文化传承导向的乡村转型发展：以杨家沟村为例

6.4.1 研究背景与研究对象

（1）"红色文化遗产型乡村"的特殊性与重要性

　　乡村振兴和红色文化遗产保护是中国背景下的两个特殊且至关重要的问题。习近平总书记多次强调，解决好"三农"问题是全党工作的重中之重，红色资源承载着中国共产党的光荣历史，要用好红色资源，传承好红色基因。当前针对乡村振兴和红色文化遗产保护的研究成果颇丰，积累了很多理论基础和实践案例。然而，有一种特殊类型的村落，即"红色文化遗产型乡村"，几乎没有受到国际研究的关注。少数中国本土研究仅将其视为红色文化遗产提出保护策略[21]，但忽视了保护资金的来源以及如何减贫和振兴乡村的问题。

Menelaos等人[22]批判性地指出，以城市问题为导向的规划逻辑是"缺乏想象力的乡村规划"，将乡村面临的一些特殊问题边缘化，未能为解决乡村问题提供真正的规划技术支持。针对这一问题，Scott[23]提出了四种乡村规划逻辑，包括英国和美国的保护主义乡村规划[24]、澳大利亚的发展主义乡村规划[25]、南欧地区的自由放任乡村规划方法[26]以及爱尔兰地区的新自由化乡村规划[27]。这四种类型的提出的确扩展了乡村规划的逻辑范式，但仍然没有覆盖中国"红色文化遗产型乡村"这一特殊而重要的类型。本章以杨家沟村这一典型对象为案例，进一步增加全球乡村研究样本的多元性。

"红色文化遗产"是指中国共产党成立后、新中国成立前这一时期，与重大历史事件、革命运动、革命领导有关的，具有重要纪念意义、教育意义、科学研究价值的名人旧居、会议旧址、文献资料以及革命故事、革命口号、革命精神等[28]。"红色文化遗产型乡村"是本章用以指代以杨家沟为代表的一种特殊乡村类型，其主体空间被划定为红色文化遗址，因此具有红色文化遗产和乡村的双重属性，广泛分布于中国的陕西、甘肃、贵州和宁夏等地区。作为红色文化遗产，它们具有保护等级差异大、地理分布分散、缺乏空间关联性等特点，其保护工作比城市文化遗产更具挑战性。作为村落，它们往往地处偏远、对外交通不发达、产业基础薄弱、财政资金短缺。因此，该类乡村面临着遗产保护和乡村振兴的双重压力，尤其是地处陕北黄土高原的杨家沟村，受地貌限制和干旱气候影响，产业发展和人居安全问题一直没有得到妥善解决。红色文化遗产一度成为该村落的制约条件而非有利资源。本章选取米脂县杨家沟村作为典型案例，旨在论证以文化传承为导向，结合旅游策划、遗产保护、景观提升、建筑设计，将约束转化为动力、以文化促进转型，是此类乡村实现可持续发展的有效路径。

（2）杨家沟基本情况

杨家沟村距榆林市榆阳机场97km，距米脂县城23km，距米脂火车站19km。地处陕北黄土高原丘陵沟壑区，杨家沟所在地貌的最大高差约94m，其偏僻的地理区位和复杂破碎地貌导致对外交通联系不畅（图6-16）。杨家沟村总面积约10km²，其中耕地面积约3.27km²，林地和草地面积约1.60km²。根据2017年的现场调查，杨家沟村户籍登记人口为1453人，总户数为547户，其中27户经济水平困难。与一般的经济欠发达的村落不同，杨家沟村拥有丰富的文化资源和建筑遗产，包括突出的红色文化资源、享誉全国的窑洞建筑群和中国特色的传统儒家文化。

（3）杨家沟多重文化价值

一是突出的红色文化价值。杨家沟村在中国革命史上有着举足轻重的地位。新中国成立后，杨家沟先后被列为第五批全国重点文物保护单位、第二批中国历史文化名村、全国爱国教育示范基地、全国第二期红色经典景区。

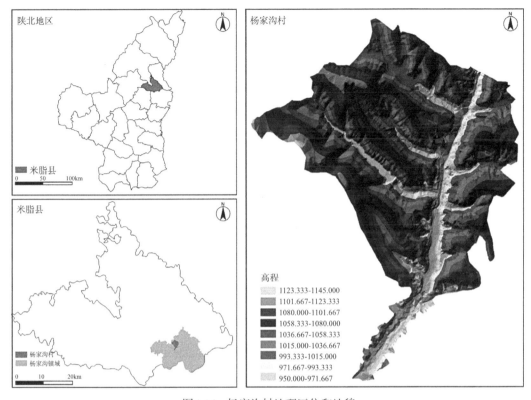

图6-16 杨家沟村地理区位和地貌

二是超群的窑洞建筑艺术价值。虽然地处偏僻，杨家沟却拥有全国规模最大、等级最高的窑洞庄园——扶风寨，据统计有编号的院落至少36处。从建筑设计的角度来看，杨家沟集中展示了中国传统窑洞建筑艺术和绿色生土建造技术；从聚落营建的角度来看，杨家沟顺应自然地貌，选址于易守难攻的高台之上，并形成阶梯状的空间布局，体现了黄土高原地区的乡村聚落营建智慧，具有极高的建筑艺术价值和学术研究价值（图6-17）。

三是中国特色的传统儒家文化价值。杨家沟在19世纪中叶是陕北最大的地主家族马氏的庄园。马氏家族深受儒家思想影响，注重对后代的教育，以耕读传家，以诚信为立业之本。据20世纪90年代不完全统计资料显示，马氏家族在科技、经济、文化等方面有突出成就者47人，具有中级以上职称者55人，大专以上学历138人，为党和国家输送了大量人才，对后世影响深远。

图6-17 杨家沟村全景
来源：杨家沟村委会提供

6.4.2 杨家沟乡村地域系统诊断

（1）乡村地域系统理论

乡村地域系统理论是刘彦随基于人地系统科学提出的，该理论将乡村地域系统理解为在人文、经济、资源与环境相互联系、相互作用下构成的，具有一定结构、功能和区际联系的乡村空间体系。乡村地域系统是一个由城乡融合体、乡村综合体、村镇有机体、居业协同体等组成的地域多体系统：（1）城乡融合体由城镇和乡村组成，包括地域、市域、县域"三域"层次，强调城镇与乡村通过基础设施实现相互连通、相互渗透、融为一体的发展格局；（2）乡村综合体包括农业主导型、工业主导型、商旅服务型等不同类型的乡村社区，是乡村振兴的空间形态载体；（3）村镇有机体是指村镇建设中生产空间、生态空间、文化空间和人居空间的融合布局，村镇有机体的构建有利于强化空间集聚效应，发挥要素规模优势；（4）居业协同体是建立在村镇有机体基础上的，特定村镇凭借优势要素或特色产业，实现居住与就业协同发展，成为乡村发展的振兴极。居业协同体是村镇有机体融合发展的高级状态，是实施乡村振兴战略的增长极，有助于带动村庄周边地区的协同发展[29]。

（2）研究方法与结果

根据乡村地域多体系统和多层次目标，杨家沟的发展路径应依托主导资源类型，将优势资源转化为新业态，从而释放发展潜能。基于乡村地域系统的理论内涵，围绕地域系统类型识别、目标层级确立、子系统诊断分析三个方面，建立杨家沟村的定性评估框架和定量评估方法。

在定性评估框架方面，如图6-18所示，首先需要明确杨家沟的乡村地域系统类型。根据前述三重价值禀赋，杨家沟村属于历史文化名村和红色文化遗产，其发展原则应该坚持保护优先，注重红色文化的保护与传承。其次，建立杨家沟乡村振兴

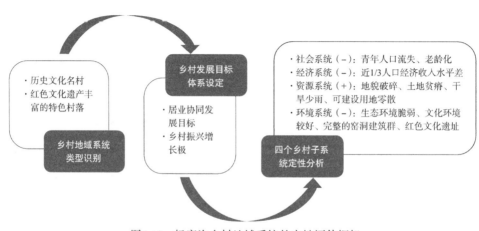

图6-18　杨家沟乡村地域系统的定性评估框架

目标体系。从行政级别和空间层级来看，杨家沟属于多体系统中的居业协同体，其目标是打造乡村振兴增长极。再次，根据乡村地域系统的核心构成要素，分别从社会、经济、资源、环境四个子系统诊断杨家沟的优势资源和制约因素。

在定量评估方法上，借鉴刘彦随和李琳娜等人提出的乡村地域系统评价指标[30]，对杨家沟的现状发展水平进行定量评估，部分指标根据杨家沟特点进行调整，主要评价维度与前述四个子系统保持一致，每个子系统包含2～6个指标，总计27个指标（表6.5）。邀请15位深耕陕北乡村且具有城乡规划、乡村地理、生态学、红色文化等研究背景的专家，采用五级量表对每个指标进行评分。然后采用加权平均得出各子系统的最终得分，得分越高，显示杨家沟在该子系统维度上的发展水平越高。评估所用原始数据由杨家沟镇人民政府于2017年提供，部分指标（如邻近指数、地貌破碎度、地形起伏、生态服务价值等）根据政府提供的地理信息计算所得。

杨家沟乡村子系统评估指标体系　　　　　表6.5

子系统	指标	指标说明
社会系统	人口	常住人口/户籍人口（+）
		60岁以上人口/户籍人口（-）
		近5年人口平均增长率（+）
		高中及以上学历人口/户籍人口（+）
	社区	住宅用地的近邻比率（+）
		诊所、文化站、运动场数量（+）
		自来水天然气入户率（+）
		县城通勤最短时间（-）
	教育	幼儿园和小学数量（+）
		学校师生比例（+）
经济系统	农业	耕地面积/村域总面积（+）
		人均可耕地面积（+）
		人均年收入（+）
	工业	—
	服务业	—
资源系统	土地和水资源	年均降雨量（+）
		人均水资源量（+）
		森林和草地覆盖率（+）
	旅游资源	村域内已开发的景点数量（+）

续表

子系统	指标	指标说明
环境系统	文化环境	文物古迹数量（＋）
		革命活动地数量（＋）
		传统村落等级（＋）
		历史建筑保护等级（＋）
		文化遗产保护等级（＋）
		其他人文景观数量（＋）
	生态环境	地貌破碎化（－）
		地形起伏度（－）
		生态用地面积×单位面积生态服务价值系数（＋）

注：（＋）表示正向指标，数值越大得分越高；（－）表示负向指标，数值越大得分越低。

来源：根据参考文献[31]. 调整后绘制

定性分析结果显示：杨家沟村在社会、经济和资源三个子系统中存在主要制约。社会子系统的特点是人口流失导致乡村逐渐空心化和老龄化。如表6.6所示，该村现有常住人口457人，仅占户籍人口的31.45%，大约2/3 的人口处于外流状态。此外，留在村里的1/3人口基本是60岁以上的老人和6岁以下的幼儿，6～15岁的学龄儿童大多跟随父母外出，工作生活均在米脂县城或其他地市，总体上常住人口年龄结构失衡、空心化现象严重。经济子系统受工业基础薄弱、土地干旱贫瘠、可建设用地短缺等因素制约，几乎处于停滞发展状态。在土地和水资源方面，杨家沟地处黄土高原生态脆弱区，地貌破碎化严重，加之干旱少雨的地域气候，这些都是制约乡村发展的重要因素。

杨家沟村的人口统计数据   表6.6

年龄	≤6	（6～15）	（15～60）	≥60	总数
户籍人口	86	167	797	403	1453
现有居民	86	0	5	366	457
流出人口	0	167	792	37	996

来源：根据2017年杨家沟镇人民政府提供数据进行统计。

相比前三个子系统而言，杨家沟的文化环境子系统属于优势基础资源，包括保存完整的窑洞建筑群和红色文化遗址，以及全国重点文物保护单位、中国历史文化名村等多个称号。然而，杨家沟的经济发展和村民生活水平并没有从上述资源及称号中获益。自1978年杨家沟革命纪念馆开放以来，由于对外交通不便、服务设施不完善、遗址维护不善等原因，杨家沟村的红色文化旅游与其他同类型、同等级的红色文化遗址相比，发展水平严重落后，也未能促进村民就业，反而因文物保护条例要求，在一定程度上制约着经济发展。

定量评估结果显示：杨家沟村的四个子系统呈现出两极分化的发展水平，其中环境子系统得分最高，这得益于极具价值的窑洞建筑群和红色文化遗产。其他三个子系统的得分均低于2.00，表明杨家沟村在经济、资源和社会方面的发展水平较低。土地破碎化是影响农业生产水平的关键因素之一[31]。具体而言，杨家沟村的人均耕地和可建设用地面积严重不足，即使该村曾试图利用文化遗产地发展红色旅游，但因规划布局的旅游服务用地距离遗产地太近，对遗产景观和文化氛围造成负面影响，该项目并未实施（表6.7）。

杨家沟四个子系统的定量评估结果　　　　　　　　　　表6.7

子系统	指标	分指标得分	子系统得分
社会系统	人口	1.40	1.20
	社区	1.07	
	教育	1.14	
经济系统	农业	1.18	1.18
	工业	—	
	服务业	—	
资源系统	土地和水资源	1.68	1.41
	旅游资源	1.14	
环境系统	文化环境	4.18	3.26
	生态环境	2.33	

在上述四个子系统中，资源和环境作为不可改变的先天因素，导致杨家沟村缺乏发展工业的基础条件，同时，乡村农业和旅游业的发展又受到文物保护各项要求的制约。于是，产业空心化逐渐导致居民外流，而居民外流又进一步加剧了日常维护人员短缺、文物保护管理不善等问题。因此，杨家沟村的乡村振兴与红色文化遗产保护的关键平衡点在于激活文旅融合，解决路径在于通过空间规划协调好旅游用地、文物保护用地与居住用地的整体布局关系，避免潜在冲突。

（3）问题诊断与分析

分析杨家沟村经济发展与其文化地位严重不符的原因，主要有以下几点：

村民自发经营农家乐的标识牌不符合文物保护条例

农家乐所在的窑洞被划入红色文化遗址核心保护区

图6-19   村民在扶风寨核心保护区内自行经营的农家乐（2017年摄，现已整改）

第一，杨家沟村的重点工作是做好扶风寨核心区及周边遗产环境的整体性保护，包括对毛泽东故居、周恩来故居、新华社旧址、中央广播电台旧址等重要建筑的结构维修、景观提升和价值展示。但现实问题在于，一方面乡村基层政府的文化遗产保护经费不足，只能对重点建筑进行日常维护，难以对扶风寨窑洞建筑群进行系统修缮和整体环境提升；另一方面，由于历史原因，部分村民长期居住在扶风寨内，在农业发展落后的情况下，先后有农户经营农家乐等低水平旅游设施，类似的不当使用对红色文化遗址造成了建设性破坏（图6-19），亟需将村民从核心保护区迁出并妥善安置。

第二，提高村民的平均生活水平是乡村振兴的根本目标。对于杨家沟村而言，充分利用红色文化资源，建立可持续发展的产业体系，为当地村民提供就业岗位，完善公共服务设施，是实现这一目标的有效途径。但现实情况是，杨家沟村地理位置偏僻，可利用的建设用地分散在丘陵沟壑的破碎地貌之间，既没有足够的、集中规模的红色文化展示空间，也没有红色旅游公共服务空间（如停车场、餐饮等），导致旅游发展严重滞后于延安枣园等地。加之当地对于扶风寨革命遗址日常维护的不重视，对"转战陕北"红色文化精神的挖掘与展示不足，导致红色文化旅游的游客吸引力和社会资本投入不足，进一步导致仅靠财政补贴的文物保护工作难以为继，如此陷入遗产保护不力与产业发展不足的恶性循环当中。

第三，从人居安全角度，杨家沟村民目前分散居住在陡坡或河谷中，当地湿陷性黄土存在地质不稳定的滑坡或泥石流风险，当务之急是将分散的住户集中起来，搬迁安置到相对开阔平坦地带。由于地处丘陵沟壑，土地资源有限，杨家沟村用于旅游开发和生态移民安置的建设用地既不能离文物点太近（按照文物保护法规的要求），也不能离文物点太远（考虑到游客服务中心与文物点的距离，以及搬迁农户与原耕地的距离），导致可供选择的旅游和移民安置用地十分有限。总之，杨家沟村作为红色文化遗址没有得到很好的保护和宣传，作为红色旅游资源的潜力也没有得到挖掘和释放。对村民而言，红色文化遗址没有成为带动就业、激发经济活力的优势资源，客观上反而成为限制个体经营的制约因素。

6.4.3 "红色文化+X" 发展模式及规划布局

综上分析，杨家沟应立足于红色文化资源，将其转化为红色旅游新业态，充分释放乡村文旅发展动能，重点协调文化遗址保护与红色文化旅游在用地布局上的关系，既要确保旅游发展不对文化遗址造成建设性破坏，又要将文化遗址巧妙利用起来，让历史文化在人民的日常使用中"活"起来。

（1）"红色文化+X"发展模式

基于建筑艺术与红色文化的价值，团队提出"红色文化+X"的创新发展模式，以实现文化遗产保护与乡村振兴的双赢。如图6-20所示，以红色文化为核心，将红色文化遗产保护、乡村产业振兴、生态移民搬迁融为一体，开展乡村综合性建设规划，包括划定文物保护范围、提出遗址保护措施、规划红色旅游体验线路和布局重点建筑、选址建设生态移民安置社区等。如此促进村民就业、基础设施、公共服务方面的可持续性，其中景区运营收益的一部分可作为文化遗产保护专项经费，另一部分可作为村民集体经济分红，从而形成文化遗产带动红色旅游、红色旅游反哺遗产保护、促进乡村振兴的良性循环。

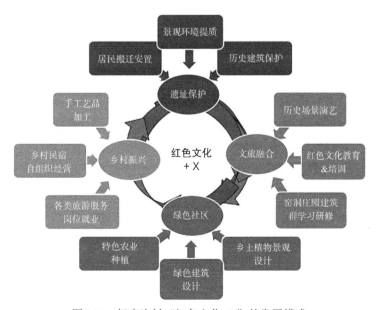

图6-20　杨家沟村"红色文化+X"的发展模式

（2）"枝状网络分形"总体布局

为实现上述发展模式，同时最重要的是，解决遗址保护与旅游开发之间的土地冲突问题，在此借鉴第五章总结的陕北聚落智慧生长模式——"枝状网络分形"布局。该模式反对过度平整地形以腾出集中的、大规模的建设用地的做法，因为这不仅破坏了自然地貌，还会带来水土流失等生态连锁问题。为了适应黄土高原枝状分形地貌，采用"化整为零"的布局方式，将大规模的建设用地需求按其功能分解成若干小规模地块，然后将这些小规模地块分散选址于枝状河谷阶地、缓坡地等，以实现对自然地貌的最小化干预。

在旅游策划与空间规划层面，建立了"区域-县域-村域"三个空间层级的景群体系，希望借助规模效应来提升杨家沟红色旅游目的地的知名度和吸引力。首先在区域层面，以较为成熟的黄帝陵、榆林古城、延安枣园等旅游板块为基底，借助"转战陕北"的红色文化主题，将杨家沟作为重要节点融入其中，形成陕北的区域性景群（图6-21）。其次在县域层面，结合道路网络联通，新增A-A、B-B、C-C、D-D四条联系道路，将杨家沟串联到米脂县域景群体系中，形成与米脂古城、李自成行宫、万佛洞等知名景区的联动发展框架（图6-22）。

在村域层面，策划"转战陕北微缩线路体验"的旅游项目，梳理出三条代表性展示线路和六处典型历史场景，并将这些场景与线路分布于杨家沟及周边三个国家级传统村落（岳家岔村、寺沟村、巩家沟村）当中（图6-23），一方面为杨家沟发展红色旅游拓展建设用地，避免对红色文化遗址造成影响，形成"大杨家沟"的村域发展框架；另一方面使杨家沟与其他三个乡村形成发展合力，通过建设"杨家沟核心区"

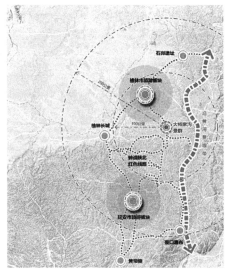

图6-21　陕北区域景群体系示意图
来源：《杨家沟革命纪念地整体建设规划研究》
项目组

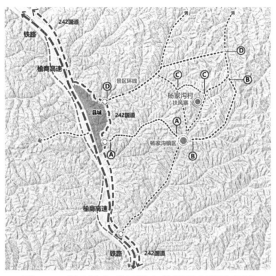

图6-22　杨家沟与县域景点的道路串联示意图
来源：《杨家沟革命纪念地整体建设规划研究》
项目组

促进传统村落发挥规模效应。

其中在"转战陕北微缩线路体验"项目中，需要同时解决红色遗址保护、红色旅游发展、生态移民搬迁的用地选址问题。如图6-24所示，顺应高低起伏的分形地貌，在"主沟-次沟"的枝状体系中分别选址布局村民安置区、旅游服务门户区、红色文化纪念馆、红色教育培训中心等重要节点。

综合扶风寨核心区保护、寺沟村传统村落保护以及红色旅游目的地建设，在杨家沟核心区范围内形成总体建设性规划布局（图6-25）。将中国共产党在陕北历经248天转战1000km的历史场景浓缩为体验线路，沿二级沟谷串联上述节点并完善道路体系，形成的新环路既扩展了旅游体验空间，增加了游客容量，又分担了沿一级沟谷布局道路的交通压力。相比原来仅有的"一日游"红色遗址参观活动，这种沉浸式

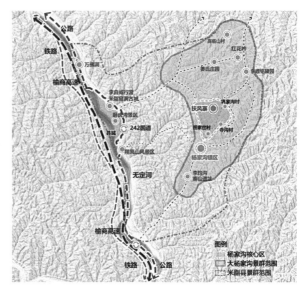

图6-23　村域层面的多点联动发展框架
来源：《杨家沟革命纪念地整体建设规划研究》项目组

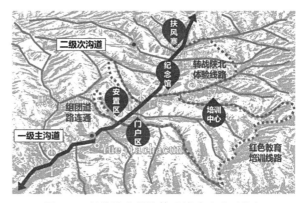

图6-24　转战陕北微缩体验线路及重要节点

体验项目既可以让游客在生动的体验过程中学习红色文化，也延长了游客在当地的休闲消费时长，从而带动民宿、餐饮等其他旅游服务，为村民创造就业岗位，为当地带来旅游知名度和经济收益，即所谓的以空间换时间。

（3）红色文化遗址保护与生态移民安置区建设

扶风寨作为革命旧址核心保护区，总占地面积约为9.8hm²，自1978年纪念馆开馆以来，历经数十年的发展，现状空间环境已较为成熟明晰，地域特色突出，历史文物丰富。在保护历史建筑和地域特色的前提下，结合扶风寨现状空间特色，规划通过景观设计手法强化了原有寨墙的特色，同时突出院落及多级台地的高低错落秩序，对窑洞院落的景观环境加以美化整治，并通过步道、坡道及小微场地设计等手法，整体连通和丰富该片区的景观（图6-26）。

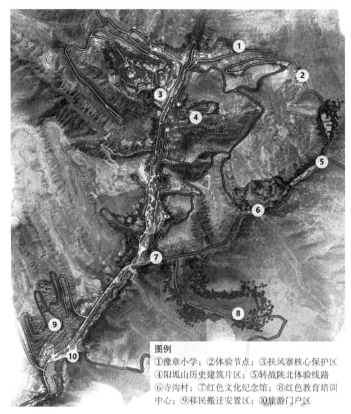

图例
①豫章小学；②体验节点；③扶风寨核心保护区
④阳洼山历史建筑片区；⑤转战陕北体验线路
⑥寺沟村；⑦红色文化纪念馆；⑧红色教育培训
中心；⑨移民搬迁安置区；⑩旅游门户区

图6-25　杨家沟总体建设性规划布局平面图
来源：《杨家沟革命纪念地整体建设规划研究》项目组

图6-26　扶风寨核心保护区平面图
来源：《杨家沟革命纪念地整体建设规划研究》项目组

图6-27　扶风寨核心保护区游线组织图
来源：《杨家沟革命纪念地整体建设规划研究》项目组

此外，结合地形与现有道路完善扶风寨核心保护区的多条游览线路，以此串联不同主题展示场景，同时加强旅游公共服务设施的配置与完善。如图6-27所示，采用车行交通方式的游客可通过盘山路到达寨堡西北部入口，该处设置有电瓶车临时停车点。步行游客则从"骥村门"进入，为适应高差变化丰富的寨堡地势，规划在局部地段增加一部分新的步行道路，形成主游览环线和次游线相结合的游览体系。

规划新建的安置区与扶风寨革命旧址同处一条主沟道，相距约1km，共安置86户村民，合计331人。安置区在建筑布局上因借地形、空间错落、台地穿插，在减少土方工程量的同时，形成错落有序的组团式建筑形态（图6-28）。规划将其命名为"新扶风寨"，并在安置区入口处设置影壁墙，既有景观点缀作用，更是标记安置区与村民原居住地（即扶风寨）的新老传承呼应关系，旨在为迁出的村民保留与扶风寨遗址的情感联系和社会关系（图6-29）。从建筑设计角度，基于传统窑洞建筑原型，采取单元组合技术设计形成窑洞合院，这样既能维持原有的邻里关系，又方便村民自主改造合院以便发展民宿等自营业态。同时，安置区布局有独立的民宿院落、民俗商业街等公共区域，以备村集体或社会性投资经营使用。

图6-28   安置区建筑布局鸟瞰图
来源：《杨家沟革命纪念地整体建设规划研究》项目组

图6-29   安置区入口空间透视图
来源：《杨家沟革命纪念地整体建设规划研究》项目组

（4）绿色生土建筑材料应用

最后，结合团队研发的生土砌块专利，将改良后的绿色节能生土材料应用于当地的建筑墙体以及道路铺装。这种生土材料不仅在力学性能上可以满足建筑结构、道路荷载的承重要求，而且在建筑保温、生态降解方面具有比传统生土材料更高的性能。根据团队测试，在无设备供暖降温的前提下，该示范建筑可以在夏季保持室内温度25℃、在冬季保持室内温度0℃左右，与陕北地区传统的生土住宅相比，保温性能显著提高（图6-30）。同时，选择使用该生土材料的原因还在于，它保留了黄土地貌原有的色彩和纹理，将其用于建筑墙体、替换原有水泥路面的敷设，既可以延续扶风寨窑洞建筑群的风貌特色，又有利于促进扶风寨遗址与安置区、游客服务中心等新建区域的风貌融合。

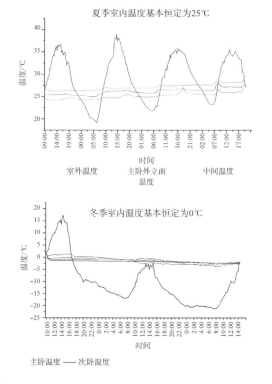

图6-30　生土材料应用及其建筑保温性能测试

来源：《杨家沟革命纪念地整体建设规划研究》项目组

6.4.4 实践启示与小结

红色文化遗产型乡村既不同于一般的乡村，也不同于位于城市的红色文化遗址，它们既有遗址保护的使命，又有乡村振兴的任务。如果没有有效的规划指引，此类乡村很可能在经济发展中对遗址造成建设性破坏，或者受限于遗址保护而错失发展机会。随着中国深入推进乡村振兴战略，加强红色文化遗址保护力度，红色文化遗址型乡村将成为未来的重点研究对象之一。如何将红色文化遗产从约束转化为资源，如何平衡遗址保护与旅游发展的关系，如何让村民在红色文化遗产的保护与传承中受益，亟待更多的研究者们一起讨论，也需要更多的典型案例提供借鉴。

作为中国众多红色文化遗产型乡村中的一个，杨家沟在2018年以前既是位于革命老区的红色文化遗址，又是位于黄土高原的贫困乡村。2019年随着团队编制的规划开始实施，当年国庆假期前往杨家沟的游客人数达到7万，相比前一年增长了370%。回顾杨家沟曾经面临的困境，团队从文化保护传承角度，为杨家沟的转型发展与减贫振兴提出了项目策划、空间规划、建筑设计、景观提升等综合性方案，实践证明，对于该类乡村的可持续发展，有以下几点经验与启示。

（1）编制遗址保护与乡村振兴相结合的综合性建设规划

在团队编制综合性规划之前，杨家沟村已经编制完成多个专项规划，但是它们或侧重革命旧址保护，或聚焦红色旅游发展，没有兼顾杨家沟作为红色文化遗址与贫困乡村的双重属性，在规划内容上存在割裂和冲突，导致杨家沟陷入了遗产保护与旅游发展相矛盾的困境中。吸取杨家沟的教训，对于红色文化遗产型乡村而言，不应独立编制遗址保护规划和乡村振兴规划，而要创新性探索适用于保护与发展兼容的综合性建设规划，避免遗址保护要求与旅游产业发展之间出现用地矛盾、风貌冲突等问题。在编制综合性建设规划的过程中，规划方案不仅要着眼于土地利用，还应明确遗址保护边界和历史建筑保护等级，明确村民居住社区布局和民居建筑形制，并结合产业发展、项目策划布局相应的功能空间与公共设施，避免规划过于宽泛而无法指导具体建设实施。

（2）探索规划-建筑-材料多环节贯通的乡村人居实践

不同于城市的空间尺度与规模，乡村具有小规模、小体量、地域性的特点，具备从规划编制到建设施工的可行性。杨家沟的规划实践证明，以空间规划为牵引，将建筑设计、景观设计、绿色材料等多个环节整合起来，能有效避免实施过程中可能发生的信息衰减、信息变形等问题，确保原初的规划策略得以落实。此外，多环节贯通的乡村人居实践有利于提高不同学科的合作意识，并在打破专业壁垒的过程中激发创新，对于应用型学科的发展具有促进作用。

参考文献

[1] Hospers G. Coping with shrinkage in Europe's cities and towns[J]. Urban designinternational, 2013(1): 78-89.

[2] 胡航军，张京祥."超越精明收缩"的乡村规划转型与治理创新：国际经验与本土化建构 [J]. 国际城市规划，2022，37（3）：50-58.

[3] 冯旭，张湛新，潘传杨，等. 人口收缩背景下的乡村活力分析与实践：基于美国、德国、日本、英国的比较研究[J]. 国际城市规划，2022，37（3）：42-49, 88.

[4] 肖超伟，张旻薇，刘合林. 美国乡村人口收缩的特征、影响因素与启示[J]. 经济地理，2022，42（11）：163-172.

[5] Copus A, Kahila P, Thomas D, et al. European shrinking rural areas: key messages for a refreshed long-term European policy vision[J]. TERRA: Revista de Desarrollo Local, 2021(8): 280-309.

[6] 周小亮，吴武林. 中国包容性绿色增长的测度及分析[J]. 数量经济技术经济研究，2018，35（8）：3-20.

[7] 诸大建. 从"里约+20"看绿色经济新理念和新趋势[J]. 中国人口·资源与环境，2012，22（9）：1-7.

[8] Bouma J, Berkhout E. Inclusive green growth [R]. Netherlands: Report for PBL Netherlands Environmental Assessment Agency, 2015.

[9] 朱非，张磊，张博."包容性财富指数"，衡量可持续发展的新指标[J]. 中国经济周刊，2012（35）：22-25.

[10] 张宇燕，方建春. GDP与IWI：核算体系与人类福祉[J]. 经济学动态，2020（9）：15-29.

[11] Sousa S, Pinho P. Planning for shrinkage：paradox or paradigm[J]. European planning studies, 2015(1): 12-32.

[12] Dax T, FischerI M. An alternative policy approach to rural development in regions facing population decline[J]. European planning studies, 2018(2): 297-315.

[13] 虞春隆，周若祁，李东艳. 黄土高原沟壑区村镇体系生态化重构[J]. 建筑学报，2010（S2）：5-9.

[14] 陈彦光，罗静. 城市形态的分维变化特征及其对城市规划的启示[J]. 城市发展研究，2006（5）：35-40.

[15] 虞春隆，周若祁. 黄土高原沟壑区小流域人居环境的类型与环境适宜性评价[J]. 新建筑，2009（2）：74-78.

[16] 张定青. 关中地区渭河南岸小城镇发展与河流水系相互关系研究：以西安市户县为例[J]. 华中建筑，2008（10）：219-224.

[17] 同参考文献[16].

[18] Tannier C, Vuidel G, Frankhauser P, Houot H. Simulation fractale d'urbanisation—MUP city, un modèle multi-échelle pour localiser de nouvelles implantations résidentielles[J]. Revue internationale de géomatique, 2010(20): 303-329.

[19] Tannier C, Vuidel G, Houot H, Frankhauser P.Spatial accessibility to amenities in fractal and nonfractal urban patterns[J]. Environment and Planning B: Planning and Design, 2012，39(5): 801-819.

[20] 赵珂. 城乡空间规划的生态耦合理论与方法研究[D]. 重庆大学，2007.

[21] Wang F, Zhang J. Study on the development mode of red cultural heritage in Qingyang.In Proceedings of 2018 International Conference on Arts, Linguistics, Literature and Humanities（ICALLH 2018）

（pp.144-147）．

[22] Menelaos G, Nick G & Mark S. A capitals framework for rural areas: "Place-planning" the global countryside[J]. Habitat International, 2022(127), 102625．

[23] Scott M. Spatial planning and rural quality of life. In: P H Johansen, A Tietjen, E B Iversen, H L Lolle & J K Fisker (Eds.), Rural quality of life[M]. Manchester: Manchester University Press, 2023．

[24] Curry N, & Owen S. Rural planning in England: A critique of current policy[J]. The Town Planning Review, 2009, 80(6): 575-596．

[25] Tonts M. Developmentalism, path dependence and multifunctionality: Reflections on Australian rural planning cultures[J]. Planning Theory & Practice, 2020, 21(5): 776-782．

[26] Gallent N, Shucksmith M, Tewdwr-Jones M. Housing in the European countryside: rural pressure and policy in Western Europe[M]. London: Routledge, 2003．

[27] Natarajan L. Planning for rural communities and major renewable energy infrastructure. In: M Scott, N Gallent & M Gkartzios (Eds.). The routledge companion to rural planning[M]. London: Routledge, 2019: 548-556．

[28] 文雯，史怀昱，贾梓苓，等．新中国的曙光从这里升起：米脂县杨家沟红色历史文化名村保护的智慧内涵探析[J]．城市发展研究，2021，28（9）：1-6．

[29] 刘彦随，周扬，李玉恒．中国乡村地域系统与乡村振兴战略[J]．地理学报，2019，74（12）：2511-2528．

[30] 刘彦随．中国新时代城乡融合与乡村振兴[J]．地理学报，2018，73（4）：637-650．

[31] 李琳娜，璩路路，刘彦随．乡村地域多体系统识别方法及应用研究[J]．地理研究，2019，38（3）：563-577．

7 总结与展望

挖掘与整理中国聚落的营造智慧是一件长久之事，既易也难。容易的是，这件事不是"无中生有"的发明创造，而是发现总结那些早已存在千年的人居智慧。难的是，"发现"本身是一个去伪存真、化繁为简的过程，需要一遍又一遍地抽丝剥茧，才能找到那个最根本、最恒定的构成美好人居环境的秩序本源。

农业现代化和乡村可持续发展是一个全球性问题，英国、德国、美国、印度等国的实践经验表明[1][2][3]，无论是发达国家还是发展中国家，都将创新乡村规划理论作为解决乡村问题的关键。以黄土高原乡村聚落智慧挖掘为基础，探索顺应自然及其生长规律的未来发展之路，不仅对中国乡村振兴事业具有重大意义和影响，对于日本、韩国等亚洲国家的乡村研究也有借鉴意义。

7.1 主要结论

7.1.1 耦合于地貌的陕北乡村生长智慧

通过典型流域乡村聚落的整体解析与个案补充，本书最终提炼形成"枝状网络分形"的陕北乡村智慧生长模式。不同于广阔平原中的乡村聚落可以自由生长，陕北乡村的生长智慧是在地形、地质、降雨、温湿环境等诸多限制下形成的。反映在空间布局上，核心智慧在于"化整为零、局部嵌入"，前者适应于黄土高原的宏观破碎化地貌，将有限规模的、零散分布的可建设用地充分利用起来，后者适应于微观差异化地形，在河谷平地、缓坡阶地、微改造的台地中选择不同的建筑形式与院落组合。

千百年来，陕北黄土高原乡村聚落在与当地环境的相互适应、改造探索过程中所形成的选址布局经验，其本质是在诸多限制、有限条件中的被动适应，并非现代城乡规划理论与方法指导下的统筹谋划、科学规划，这是乡土智慧与科学方法的本质差别。当然，在生态规划、韧性理论、绿色建筑等科学理论的视野下，陕北乡村所体现出的乡土经验可以被挖掘总结为：因地制宜的生态智慧、分形布局的韧性智慧、生土窑洞的共生智慧。其中，因地制宜的生态智慧包括对宏观地貌的自然趋避而非强力改造，对中观地貌的改造与巧妙利用，对微观地貌的适应性组团布局；分形布局的韧性智慧则体现在分形道路布局的网络韧性，分形聚落布局的结构韧性，完整功能组团的社会韧性；生土窑洞的共生智慧则包括窑洞建筑与地貌凹凸形态的共生，与原生生土材料的共生，以及与地域性温差、降雨等气候环境的共生。

7.1.2 面向绿色可持续的乡村发展框架

尽管乡村聚落营建、乡土社会治理自有一套经验智慧，但在全球区域城市化趋势与国家生态文明建设、新型城镇化、城乡一体化等发展战略的影响下，广大乡村必然面临时代的机遇与挑战。以人口外迁、经济缓行、空间收缩等现象为表征的乡村收缩是一部分乡村不可避免的生命趋势。在"大周期"与"小周期"的指导下，辩证地提出两种不同的乡村生命周期，一种是顺应经济社会规律的自然退行，直至消亡的线性生命周期；另一种则是挖掘与把握乡村可利用的实体资源或智力财富，在退行期的过程中探索转型发展，进而实现乡村再生，开始新的循环生命周期。在此视角下，本书提倡转变固有的"收缩即衰败"观念，重新解读乡村收缩现象及其多种可能性，包括从表象收缩转为内涵增长、从局部收缩转为全局增长。其理论基础在于蕴含马克思主义绿色发展观的"包容性绿色增长"概念，在生态建设、文化强国战略下，重新梳理乡村的包容性财富五要素，将隐形的文化资本、生态资本、社会资本与传统的生产资本、人力资本进行等价核算，为生态资源、文化遗产富集的不同乡村类型提供多元发展路径。

在上述观念转变的基础上，提出基于包容性绿色增长的可持续发展框架，包括因时、因地、因财的"三因制宜"原则，以及"资源善用—社会善治—文化善待"的可持续发展路径。其中，资源善用强调对土地资源、空间资源、景观资源、智力资源等多类型资源的挖掘与利用，通过探索循环农业做到"地尽其用"，并在乡村改造更新中注重真问题、真需求，建设适宜乡村环境、满足居民需求的建筑及构筑物，从中创新形成乡土建筑新类型及其模式语言。社会善治强调引入"智力资源"，激活各类社会群体作为新时代乡绅的带头作用、桥梁作用、示范作用，补充更新原有乡村自治体系，形成"基层政府+原住村民+新村民"的公共组织。文化善待需要注重对乡村历史文化的保护与传承，对乡村民俗文化的创新性发展与利用，以及文明乡风、良好家风、淳朴民风的现代文明乡村建设。

7.1.3 生态适应与文化传承的实践启示

本书最后以龙镇沟小流域乡村整体聚落的体系优化和杨家沟乡村个案的转型发展为例，旨在从生态适应性收缩、文化传承转型发展两个方面，分别展示两种生命周期视角下的乡村发展路径选择及其实现方式。

对于生态适应性收缩的乡村整体聚落而言，重点在于空间维度上做到顺应聚落-地貌耦合规律的绿色收缩，社会维度上做好稳定乡土社会网络的和谐收缩。相比城市和平原地区的乡村而言，特殊地貌乡村聚落的地缘依赖性更强，尤其在黄土高原、云贵高原、四川盆地等地貌条件约束下，往往形成以流域、谷地为单元的乡村聚落体系（此类单元通常和行政单元相交错）。在此背景下，依托行政单元提出的乡村收缩路径很有可能违反乡村原有的生长发育规律、打破既有乡土社会网络的稳定性。因此，对待特殊地貌区域的乡村收缩，既要遵循人地耦合的生态规律，又要契合乡土社会的内部动力。

对于文化传承导向的个体乡村转型发展而言，重点在于处理好文化保护与传承利用的关系，具体体现在如何协调遗址保护用地与产业发展用地的兼容性问题，如何兼顾特殊遗址的圣地氛围与文旅产业的商业环境在空间上的适宜距离，以及如何保障乡村转型发展中外来资本与村民长久利益的双赢。实践证明，在乡村个体的转型发展过程中，需要一个可以统筹产业咨询、旅游策划、土地利用、建筑设计、景观提升的综合性规划团队，贯穿策划、规划、建设、施工的全链条，如此才能最大程度保障乡村建设"一张蓝图干到底"。此外，在策划过程中还需跳出个体视角，挖掘和联动村域、县域、市域当中的同类资源，通过建立集群化产业体系来形成规模效应，由此将个体乡村嵌入集体网络当中以实现可持续发展。

7.2 贡献与不足

7.2.1 研究视角的可能贡献

宏观上来看，自然地理条件如地质、地貌、气候、水文、土壤、植被首先作为人类生存环境通过影响人口分布而影响城乡聚落的形成发展[4]。在城乡聚落与自然地理条件的众多关系特征中，"临水而居"是城乡聚落分布的普遍规律[5]。可见地貌、水系等是人居形成与发展的基础，因此也是研究聚落分布的重要依据。分析聚落分布的内在规律，以及进一步引导聚落生态发展等，具有重要的现实指导意义。

中观层面上，黄土高原沟壑区人居环境研究是以地形地貌特征为标识的，地形地貌可以成为研究黄土高原沟壑区城镇与村落人居环境特征和分布规律的一把重要的钥匙[6]。在陕北世代居民的尝试与积累中，地貌与聚落的特殊制约关系逐渐转为相对稳定与和谐的关系，沉淀了深厚的人居智慧。因此，研究城乡聚落分布与地貌、水系的空间形态关系，揭示二者的相互作用机制，探寻聚落分布与地貌之间的分形关系，可以对其中蕴藏的人居智慧进行挖掘与总结，对现状存在的不适应现代发展需求或与环境生态性冲突的聚落分布进行分析与调整，无论是智慧的总结、问题的分析，还是现状的优化，对于陕北特殊地貌下的人居环境发展都将具有一定的启示与指导意义。

微观层面上，陕北黄土高原小流域经过流域内生活人群与小流域自然资源的长期相互作用，形成了独特的人文、经济特征。因此小流域实际上是黄土沟壑区自然—社会—经济复合系统的基本单元[7]。选取马湖峪河流域作为研究案例，分析这一基本单元内聚落分布与分形地貌的相互关系，对于理解陕北整体人居环境发展中的智慧及问题具有以小见大的作用。同时，在新型城镇化背景下，小流域中的村镇聚落已经开始了逐步迁并的"收缩"进程。同济大学赵民教授曾指出，面对当下出现的村镇自发性衰败、萎缩现象，如何提出"精明收缩"的策略是一项重要课题。因此，以马湖峪河流域为例，引入分形理论与方法探索村镇聚落的变迁、"收缩"过程，发现自发性"收缩"的规律性特征与问题，对于进一步引导村镇体系的发展具有实际的参考价值。

最后，在方法层面，分形作为新的分析视角，对于揭示陕北黄土高原地貌与聚落分布的空间耦合特征及规律，具有积极的借鉴意义。作为理论方法的尝试，基于分形视角对马湖峪河流域的聚落分布进行优化方案的构想及比较分析，对分形理论自身的应用实践也具有样本多元性的补充价值。

7.2.2　历时性研究内容的不足

首先，在研究内容方面，主要针对马湖峪河流域的现状聚落分布与地貌进行多个角度的横向分形解读，缺乏以时间为轴的历时性比较研究。这是由于研究对象为中小型流域内的乡村聚落，关于其历史形态难以获取官方有效资料。需要强调的是，历时性研究对于揭示聚落自组织演进的动态分形过程以及这一动态过程下聚落与地貌的耦合关系及特征，都具有重大意义。本书虽然未能体现，但这种历时性研究将成为后续工作重点之一。

其次，在智慧总结方面，虽然有图式及文字的定性描述，但在分形维数向规划语言的转译过程中，仍有或多或少的信息模糊与错位，规划语境下的分维内涵及其科普化表述，有待进一步刻画与完善。

最后，在生态适应导向的龙镇沟聚落优化方案中，针对优化目标所提出的合理分形维数区间，是基于全球经验性分维值以及陕北地貌分维值的大胆假设，其合理性与科学性仍有待检验。此外，虽然在优化模拟中借鉴了国外研发的MUP-City模型，但优化后的布局结果与目标分维仍有差距，需要在进一步的尝试中进行优化方案与优化目标的相互校验与修正。

7.2.3　思路逻辑的审视与反思

本研究核心在于揭示黄土高原聚落分布与分形地貌的耦合特征，进而提取乡村聚落的生长智慧，以此为指导尝试建立乡村可持续发展框架，因此技术路线上遵循如下步骤：①证明地貌和聚落分别具有分形属性；②证明地貌与聚落在分形形态和分形指标上均有耦合特征；③揭示聚落在选址、形态、结构方面与地貌的耦合特征；④基于以上特征提炼聚落的生长智慧；⑤基于聚落生命周期视角构建乡村可持续发展框架，并结合典型案例开展规划实践。

在这一整体思路下，具体研究方法选择了定性图式与定量数据相结合的研究方法，同时在个别章节借鉴国外较为成熟的分形模拟模型。遗憾在于，一方面目前国内外整体的图式分析方法尚未形成体系，本研究只是在有限的文献中选择性借鉴和引申探索，难以保证该方法的稳健性与普适性；另一方面，对于如何将分维测算原理与规划语境下的形态、尺度等结合起来，目前难以做出明确回答，从已有研究来看，这一问题也是学界尚未完全攻克的难点所在。

7.3　陕北乡村人居环境的研究展望

陕北黄土高原承载着中华民族的千年文明，纵有千沟万壑，却哺育了世代儿女。在这样一片土地上，陕北世代居民从过去到现在，何以繁衍生息？从现在到未来，又将以何续写生活？无论是历届政府，还是前辈学者，对于陕北人居环境建设与发展都倾注了无限心血。地处西北的各大高校，更是身兼责任、饱含热情。多年来，以西北大学、陕西师范大学、西安建筑科技大学、长安大学等为代表的高校研究团队，逐步展开了对陕北人居环境的调查研究，并提出多种适宜性发展对策。时至今日，对陕北人居环境的研究无论在方法、视角还是结论上，已经进入较为成熟的阶段。

7.3.1　响应新型城镇化的三重内涵

2014年3月，我国出台了首部《国家新型城镇化规划（2014-2020）》，正式提出"新型城镇化"的发展路径，其核心要义强调三个层次的内涵："人"的城镇化、在地城镇化以及生态城镇化。

首先，"人"的城镇化强调了新型城镇化的立足点、核心主体以及最终目标。作为立足点，城镇化应该将人的感受与实际生活置于第一位，而非单纯地追求空间面貌或形态象征等，在实现城乡一体化的过程中，首先解决城乡居民的生活刚需，如基本的安全选址、防灾减灾、基础设施建设、教育医疗等公共服务设施配套。作为核心主体，新型城镇化更注重对人民的主体性调动，鼓励真正落实公共参与，让一地的居民掌握应有的发言权。作为最终目标，新型城镇化追求的是人的转变，而非简单的物质转变，更希望实现人在生活观念、生活方式、生产方式、道德精神等方面的提升。

其次，在地城镇化是对城镇化路径的强调。以往粗犷外放式的城镇扩张不仅是对资源的浪费，也反映出城镇化路径的单一与自我禁锢。在地城镇化一方面是对城乡关系的重新定位，旨在鼓励乡村地区结合自身资源及产业特点进行就地城镇化，而不必一拥而上挤入城市序列；另一方面是对已有城镇深层提升的要求，即城镇的再发展应该从空间、经济的物质扩张，转向对文化内涵的提升，对城镇内部空间的价值挖潜与集约利用。

最后，生态城镇化的内涵包括了空间及设施的绿色性和生活方式、价值理念的生态性。其中，城镇及乡村的空间安全、设施保障、生态环境等是人居的基础条件，人的绿色生活方式与价值理念是人居的上层目标。

对于自然环境恶劣的陕北地区而言，实现生态的、在地的、以人为本的可持续城镇化具有重要意义。然而，随着时代的变迁、政策的变化、观念的转变等，今日的陕北人居环境依然面临着种种问题，从村镇向城市迁移的传统模式及观念已深入人心，越来越多的偏远地区逐渐出现村镇的萎缩、衰败，甚至消失。尤其是远离城市的小流域村镇聚落，这些"沉默的大多数"在城乡统筹发展中何去何从？在城市已经全面规划建设而村镇研究相对薄弱的现实下，如何基于新形势、新视角，为陕北黄土高原的人居环境发展献计献策，实现生态的、在地的可持续发展，是立足西北的研究者们的机遇、挑战与责任。

在深刻把握新型城镇化内涵的前提下，首先需要了解底层村镇萎缩、消失的多重原因，其次需要从乡村的生命周期中发现其生长过程、规律与智慧，基于此才能为乡村的转型发展、合理迁并、自然收缩等提供顺应其生长规律的路径，最后综合平衡"人"的多维度、多层次需求与生态、文化、社会等各类环境资源的有效协调与利用。本书提出的"三因制宜"原则以及"资源善用—社会善治—文化善待"可持续发展路径，仅仅是众多发展框架的一种，希望能为乡村研究领域提供可讨论的空间。

7.3.2 深化耦合于地貌的乡村智慧提取路径

关于陕北地貌的显著分形特征，学界已有丰富的、成熟的研究成果。本研究对于陕北马湖峪河流域聚落分形特征虽然浅尝辄止，但也可以说明陕北聚落具有分形属性，且与分形地貌具有极为密切的关联性，在一定程度上证实了陕北黄土高原地貌与聚落的分形耦合研究具有很高的现实基础。由此延伸出的耦合特征、耦合机制、评价体系、理想模型等，都将成为未来的重要研究内容，并且对陕北城镇体系的宏观结构性调整、微观用地形态选择等，都具有现实指导意义。

在已有研究的基础上，继续深化耦合于地貌的乡村智慧提取路径，就需要从二维的平面形态、布局结构向三维的立体形态、群落组合拓展。通过改良现有二维分形模型，建立三维可视化的立体分形模拟器，将地形起伏度、地貌高差以剖面的形式进行精细化建模，将分布于谷地、坡地、阶地等微观差异化地貌中的建筑群落、道路体系导入地貌，模拟乡村聚落与黄土地貌的原生嵌入状态，进而对人工建筑、道路与自然地貌的立体嵌合关系进行解剖，从中提取适应于不同微观地貌类型的建筑组合与道路选线。通过比较分析得到经验性营建智慧，以此为标准可以判断特定地域范围中各个乡村的自然环境契合度，并得到契合度指数，对契合度指数较低的乡村可将其识别为优先迁并对象，对契合度指数较高的乡村可以采取干预式转型发展路径。总之，提取乡村营建智慧的目的是服务于当下及未来的可持续发展与转型更新。

7.3.3　完善"图式+指标"的分形研究方法

如前所述，如何将分形测算原理与规划语言、图形相结合是目前的挑战之一。大连理工大学的研究团队曾以美国、阿根廷、中国的四座城市内绿地广场空间布局为研究对象，将黑白网格图底与盒维数法结合并改良为"新孔隙法"（New Lacunas），在实践中显示出对直观剖析并优化绿地空间布局的指导价值[8]。该方法的创新之处在于，根据E. T. Hall、Ashihara、Lychn、Alexander等人关于室内外环境中人体尺度的理论，设定绿地广场分形测算中的尺度选择。同时，对于盒子覆盖的图形进行深层分析，并赋予不同盒子在图形布局中的内涵，从而将盒维数法改良优化，得以用规划语言进行解释。可见，将数理方法与规划语言结合虽是挑战，也有前景。这种改良后的方法将更适用于规划学科的应用，只是需要借鉴上述研究开展更多角度、更多层次的探索。

更进一步展望，现阶段分形研究中较为成熟的数理方法已经可以作为规划中解读现状、生成方案、评估结果的分析工具，可以在多情景下的方案比较中，为方案的选择、调整方向等提供新的参考依据。未来的分形城乡研究中，则可充分发挥PPGIS、数字孪生等智能计算平台的作用，有可能为数智城乡规划领域补充新的技术工具。

7.4　复杂性科学下的城乡研究趋势

作为复杂性科学理论分支的分形学，看似是一种人为提出的新理论，实则其研究的分形现象一直存在于自然万象，并影响着人类自身的进化过程。国外多位不同领域的学者通过研究认为，人类早期在纯自然的、分形的世界中不断进化，因而其内部组织系统（如心脏、血管、肺部等）和表面感官系统（如视觉、触觉等）都已经适应了分形的外部环境，并且具有接纳和欣赏分形体的倾向。在这一理论支撑下，国外首先掀起了以分形学为视角的城市、建筑、景观研究热潮，从二维的土地利用、天际线、绿地广场，到三维的城市外部空间、山体景观等。分形视角的引入，为传统城市和建筑设计理论带来了新的反思和拓展，无论是对人性尺度的强调、对城市空间尺度的等级连续性与多样性的强调、对具有生物适应性的空间尺度比例的重新研究，还是对人居环境与地域环境相似耦合的提倡，或暗合了都市主义的核心要义，或佐证了地域性设计的理论价值，且最终指向对城市与建筑设计的开放性探索。

复杂性科学的发展让我们认识到，城市处于时刻变化的、非均衡的环境中，因而其自身也不会自动趋于平衡。城市的形成依靠的是自下而上的演进力量，这种演进是数以万计的个体与群体选择，叠加极少数的、偶然的顶层设计而完成的。因此，相较于机械系统，城市更趋近于生物性系统。这一系统是开放的、基于演进过程的产物，而非整体设计的结果。复杂性科学对城市认知与研究的影响从最初的系统论到半网络理论及网络理论，再到后来的自组织理论、拓扑学下的城市类型化研究，再到今天的分形城市研究，无论是理论的发展还是技术方法的支撑，都使得城市建筑研究领域不断外延，城市研究的范式也从简单系统转型为复杂非线性系统，并逐步向复杂网络化系统转变。复杂性城市理论研究是对传统机械主义、功能至上、简单性信条的反观与批判，开启了城市研究范式之"变"。这种城市研究之"变"是复杂性科学不断发展演进所带来的契机。在学科交叉研究的21世纪，引入新的理论与视角进行城市研究转型的探索与尝试，是整体科学发展之趋势，也是人居环境学科发展之未来。

郭熙《林泉高致》认为"山水画写居游意"，这正是中国关于居住、环境、一切中国大艺术的源头，即"山水可行可望可游可居"。这是在探讨空间与身体及身体感知的问题。北京大学董豫赣教授在对山水园林的"可居可游"之研究中指出，中国人喜欢自然但未必是敬畏自然，而是要从"行"与"游"中去挑选和改造适居之地。西安建筑科技大学刘永德教授在《情·景·意·境》中以格式塔心理学作为研究空间身体体验的基础。上述理论与观点殊途同归，即城市、乡野、园林、建筑等一切与人居有关的环境，在本质上都是在探索身体与空间、自然与人工的关系。人居环境的营造始终围绕着对自然环境的认知、发现、改造、组织等核心问题，这些问题在内容上可以认为是同构的，所不同的是在尺度层级上具有宏观到微观的差别。

在长久探索人与自然的关系中，无论是周易八卦中隐含的分形思想，还是自然万物固有的分形属性，都是或明或暗指导我们探索的思想源头之一。2009年，英国BBC推出的纪录片《神秘的混沌理论》（*The Secret Life of Chaos*）从历史纵深的全景角度展示了混沌科学的本质及发展历程，从图灵（Alan Turing）的新科学探索到别洛乌索夫（Belousov-Zhabotinsky）的振荡式化学实验到曼德布罗的数学模型，呈现了一整套混沌科学的发展史。人类的心肺构成、血管组织、树木生长、河流分支等，都是一种分形的组织方式。这种组织方式是简单规则加上随机变异的自组织结果，与人类的聚落发展及经营的行为过程具有很大的一致性或相似性。因此，与其说是创造，毋宁说分形理论是在人与自然发展的历史长河中提取凝练而形成的总结。它带给我们的不是无中生有的全新视角，而是将我们习以为常的潜意识进行显性放大，进而转化应用于各个研究领域。

参考文献

[1] Czekaj M, Adamsone-Fiskovica A, Tyran E, & Kilis E. Small farms' resilience strategies to face economic, social, and environmental disturbances in selected regions in Poland and Latvia[J]. Global Food Security, 2020, 26, 100416.

[2] Chen R.Rural regional planning experiences in British and America and its implication to rural revitalization of China[J]. World Agriculture, 2018 (6): 24-28.

[3] Plummer P, Tonts M, Argent N. Sustainable rural economies, evolutionary dynamics and regional policy[J]. Applied Geography, 2018 (90): 308-320.

[4] 周一星. 城市地理学[M]. 北京：商务印书馆，1995.

[5] 赵珂，冯月，韩贵锋. 基于人地和谐分形的城乡建设用地面积测算[J]. 城市规划，2011，35（7）：20-23，77.

[6] 于汉学. 黄土高原沟壑区人居环境生态化理论与规划设计方法研究[D]. 西安建筑科技大学，2007.

[7] 于汉学，周若祁，刘临安. 黄土高原沟壑区小流域人居环境规划的生态学途径：以陕北枣子沟小流域为例[J]. 西安建筑科技大学学报（自然科学版），2005，37（2）：189-193，209.

[8] Liang Jiang, Hu Yanqin, Sun Hui. The design evaluation of the green space layout of urban squares based on Fractal Theory[J]. Nexus Netw J, 2013, 15(1): 33-49.

后 记

马克斯·韦伯在《以学术为业》的演说中指出："我们每一位科学家都知道，一个人所取得的成就，在10年、20年或50年内就会过时。这就是科学的命运，当然，这也是科学工作的真正意义所在。……每一次科学的'完成'都意味着新的问题，科学请求被人超越，请求相形见绌。"这是科学的迷人之处，也是科研工作的可爱之处。

科学的每一次颠覆性变革都来自"范式"的更迭。如同绝对时空理论下的牛顿定律和爱因斯坦的相对论是完全不同的两套科学范式，这种"范式转移（Paradigm shift）"带来的是一种全新的认知世界的角度。如果通俗地理解"范式"，那么它就像一个语境，每一种学说都有与其相匹配的语境，这个语境为讨论特定问题划定了一个边界，只有在这个边界内进行讨论才是有意义的。同时，它也像一把尺子，每个范式都是独一无二的尺子，有着不同于其他的度量标准，如果拿一把错误的尺子去丈量不匹配的理论，那么永远也得不到真实的结果。最后，"范式"也是一种"哲学假设"，这种假设是一个逻辑自洽的哲学观或世界观，因为科学的目的是认知世界，持有怎样的基础观点，决定了认知世界的角度、维度以及结果。人人皆有历史局限性和自我局限性，因此所谓范式只能是假设，是对这个世界的猜测，它只可能是暂时正确的。

本书自硕士期间的研究积累而来，前后跨越近十年，彼时惊叹于复杂科学与分形之美，也感慨黄土高原地貌及其孕育的聚落之神奇，之后数年的工作学习继续结缘陕北人居环境，随着对中国传统文化思想、西方规划哲学观念、全球命运共同体的积累学习，逐渐理解人类思想之精华往往殊途而同归。拙作虽小如麻雀，但其所以成形，亦深深受惠于诸多前辈，在此尤其感谢我的老师周庆华教授和更多未曾谋面的中外学者。在此回顾一二，遥致谢意。

2013年7月，兴趣使然购得周庆华教授所著《河谷中的聚落》，首次领略到陕北黄土高原地貌的独特形态，震撼于此地乡土聚落从地貌中生长而出的顽强生命与神奇魅力，也第一次发现以分形视角揭示河谷地貌与聚落关系的新思路。同年冬季，偶遇常青院士的风土建筑谱系研究，在此牵引下研读《宅形与文化》《没有建筑师的建筑》，了解到住宅形式、布局及其内部空间是如何受物理因素、心理因素、地域文化因素而具体变化的，了解到乡土建造者基于生活经验在宅形营造中的智慧体现。2014年，因参与国家自然科学基金辗转购得《非洲分形》（*Africa Fractals*），由于未被翻译引进，前后历时一个半月精读全书，了解到非洲聚落的空间布局如何受社会等级的影响，而这背后更本质的是人类活动中的隐藏秩序，其与自然叶脉一样，都受到生命演化过程中的分形秩序支配。这一秩序贯穿于非洲的聚落组合、室内空间、生活用具、儿童发辫、日常游戏等角角落落，为彼时的我打开了一个全新的理解人居空间的视角和方法。同年，在大量文献阅读中了解到尼科斯·A.萨林加罗斯对分形和模式的观点，受益良多，随后购得他在学术思想上一直追随的亚历山大的著作《建筑永恒之道》与《建筑模式语言》，由于内容庞大，粗略浏览后有所搁置。2015年6月又购得萨林加罗斯新著《新建筑理论十二讲》，主要从数学角度分析建筑的有机性和适人尺度，其中包括对分形和建筑模式语言的相互验证。

后又得知吴良镛先生出版《中国人居史》，随即研读。从中看到建筑、城市、地景本无分野，皆是人居环境，人之所在，便是人居，这为我一直存有的空间研究边界之惑拨开了一丝迷雾，由此反思此前对"人居环境科学"的理解之浅薄。对于人居环境的研究不必拘泥于建筑、城市、乡村、景观，而是随着人的聚居规模不断外拓，研究一人之居可在室内，三五人居可到庭院，百人之居至社区村落，万人之居到郊县，十万百万到市，千万数亿到都会、到国家。将研究内容简化为结构性框架，则天下人居同构，尺度的变化不影响最核心的营造思想，只要找到思想本源，至外无大、至小至内，不同类型的空间研究都可以遵循至简之道。

2016年因循文献购得梁鹤年先生的《旧概念与新环境》，著作以"人"为核心展开对城市规划的讨论，从解剖哲学意义的"人"为起点，延展至西方规划理论的哲学发端，洋洋洒洒，鞭辟入里，彼时读来久久难以平静。2017年因缘际会偶遇瑜伽哲学，完成两部印度瑜伽译著的阅读，深入浅出的内容让我对东西方哲学有了更深一步的理解。回头再读《旧概念与新环境》，对柏拉图的"恒"、亚里士多德的"有限理性"、奥古斯丁的"性恶论"假设，以及在此文化背景下诞生的西方规划理论都有了较为清楚的认识，也对梁老解读的共性之"人"和以"城市人"演绎新规划理论产生共鸣。最后，梁老的研究总结也指向吴良镛先生引进的"人居环境科学"，他为吴先生努力传播英语文明下不被重视的道萨迪亚斯思想而由衷致敬。

最后，再次捧起《建筑永恒之道》与《建筑模式语言》（上下），至2018年1月合卷，三部著作虽以建筑命名，本质围绕人居，小到室内桌椅摆放，大到城乡田野关系。其间反复出现的关于对城市建筑基本结构的追问、对复杂生命体不能被创造的例证①、对结构稳定细节变化的再三强调、对把握根本原则去验证不同现象的方

---

① 其观点强调，一朵花只能从一颗种子生长而来，绝不是用镊子夹着细胞去制作得来。

法讨论，凡此种种，在其结论、方法、视角中都能看到前述著作的思想一角：无分室内、建筑、城市、乡村之分野的研究，和吴先生天下人居的思想一致，和非洲分形对家常用具、地方游戏、聚落村镇的贯通研究也极其相似；对中世纪传统空间、自发建造空间的欣赏，和宅形文化研究农户建房、河谷聚落研究人地关系，其动机和青睐缘由应该一致；基于健康、活力、安全等具体维度的"以人为本"视角和对253种根本性空间模式语言的执着求索，与梁先生解剖东西方"人性"之本质并构建"城市人"理论，与分形思想从空间现象抽象秩序母体，其初心和坚信的东西也一定是相通的。

不禁感慨，殊途而同归，伟大的思想总是惊人地一致。赘言不述，单从人居研究的角度展开，以上著作和思想的出发点都是"人"，追寻的问题都是"人和环境的关系"，最后的理论目的是"为人营造适宜的聚居空间"。这里的"适宜"不是模糊、不可捉摸的理念，而是可以被量化感知的"匹配"。所谓"匹配"在分形理论和河谷聚落中主要表现在"尺度匹配"；在模式语言上主要表现在"心理匹配、情感匹配、事件匹配、生命阶段匹配"，而它的"心理情感匹配"同时是"尺度匹配"的结果；在宅形文化和中国传统人居文化上主要表现在"与人从事的社会活动匹配"，这里的"社会活动"也属于模式语言中所谓的构成城市空间的"事件模式"，因为事件和空间不可分割，空间的使命在于承载事件和生发事件，同时空间由重复发生的事件赋予特征；在城市人理论上表现在"人性匹配"，这里的人性是从人的哲学本质出发，投射在不同生命阶段所对应的各类活动，不同类型活动的生发对应着不同的空间，因而包含了上述在内的人与空间的各个方面的匹配。

一言蔽之，上述前辈之作及其理论思想始终聚焦于"人和空间"，这个空间是人聚居的空间，小到室内，中到邻里、社区、街区，大到城市、乡村、田野间的关系，是一个连续流动的空间范畴，不拘泥于规划、设计、建筑、景观等专业边界，回归到内容本质，即一切和人发生关系的物质空间环境。此外，上述理论及思想看似是新理论的构建，比如分形理论、模式理论、城市人理论等，但作者们都不约而同地声明："我们不是在创造新的理论，只是尽力发现和寻找早已存在于美好环境中的秩序、存在于优美空间内的模式、存在于人人心中创造美好环境的能力"。分形理论、模式理论、城市人理论等看似新鲜的词汇，只是为了帮助我们以此为工具，重新度量一些与人相匹配的聚居空间，去伪存真，留下那些历经人类活动检验的、历经时间和自然环境检验的聚落空间营造智慧。也正因如此，这些著作中较少以现代城市空间为典型案例，主要选取乡土聚落、非洲古老城市和聚落、中世纪城镇等聚居空间作为研究对象。这不是简单的怀旧情结，而是相比由脱离地方的、日常的、使用的建筑师所设计的现代城市空间而言，古老的、乡野的聚落往往由具体使用的人或群体随着日常需求、顺应物理环境、基于约定俗成的文化准则和建造准则[1]等逐渐营造起来，因而与人的尺度、活动、情感、事件等更加匹配，呈现更和谐的秩序之美，也值得们去发掘智慧、总结经验。

行文至此，想到梁鹤年先生在《旧概念与新环境》中的一段话：它的语境是基于对西方现代城市规划产生的文化本源的分析，这种文化在我们看不见甚至难以觉察的层面影响着社会、经济、政治以及规划等几乎所有方面，由此发问："性善"文化的城市是怎样子的？"性善"文化的规划是怎样子的？我们可以想象一个有恻隐、知羞耻、尚辞让、明是非的城市吗？这需要有志气、有实力的规划者，有勇气、有魄力的政治家。中国之大，会有的。此为真正的学者洞见、智者胸怀，常自勉之。

---

[1]　山东部分地区的乡村住宅建造中，各家默默遵循的规则之一是将砖块作为参照物放在屋脊之上，以此为水平线约束各家各户的地坪高度与住宅层高，一则避免高差不同影响各家排水，二则杜绝以高为尊的空间攀比心理。